En finir avec les idées fausses propagées par l'extrême droite

Dans la même collection

ATD Quart Monde, *En finir avec les idées fausses sur les pauvres et la pauvreté*, 2013

---

www.editionsatelier.com
www.twitter.com/ateliereditions
facebook.com/editionsatelier

ISBN : 978-2-7082-4265-4

ISBN : 978-2-913462-17-5
http://www.librairie-nvo.com

Imprimé en France

Pierre-Yves Bulteau

En finir avec les idées fausses propagées par l'extrême droite

LES EDITIONS DE L'ATELIER
51-55, rue Hoche
94200 Ivry-sur-Seine

IRU.

Ligue des droits de l'Homme

Union syndicale Solidaires

Editions O

Avant-propos

Ce livre écrit par Pierre-Yves Bulteau a été édité à l'initiative d'Agnès Naton, directrice des Éditions « la Vie Ouvrière ». L'édition de cet ouvrage a été coordonnée et réalisée par les Éditions de l'Atelier (Camille Deltombe et Bernard Stéphan) qui ont bénéficié des concours précieux des coéditeurs : Institut de recherches de la FSU (Gérard Aschieri), Ligue des droits de l'Homme (Pierre Tartakowsky), Éditions « la Vie Ouvrière » (Isabelle Avran, Agnès Naton, Raymond Chauveau), Union syndicale Solidaires (Frédéric Bodin).

Nous remercions les partenaires qui ont rendu possible l'édition de cet ouvrage :

Sommaire

TROISIÈME PARTIE

Introduction

Préférence nationale, expulsion des étrangers, fermeture des frontières, hostilité à l'islam, résurgence du racisme et de l'antisémitisme, assignation des femmes à leur rôle de mère, homophobie : les idées de l'extrême droite se propagent. Des boucs émissaires sont rendus responsables des crises mondiales qui bouleversent la France et l'Europe. Cette stigmatisation de groupes ou de personnes nie l'égalité des humains et pervertit l'exercice de la démocratie.

De fait, les idées de l'extrême droite ne circulent plus seulement dans les meetings électoraux et les isoloirs. Elles se propagent dans les villes, les villages, les campus, les lycées, les quartiers, sur les lieux de travail, dans les territoires urbains et ruraux jusqu'à occuper les conversations quotidiennes et se banaliser.

Cette banalisation préoccupante provient entre autres de la confusion politique née d'alternances décevantes, de la souffrance induite par la précarité sociale, de la peur du déclassement et de la concurrence avec les plus pauvres. Ces tensions nourrissent des réflexes de rejet de l'autre. Devant l'incertitude, certains sont tentés de se replier sur des positions qui peuvent sembler protectrices : s'occuper d'abord de soi et des siens, et ensuite, ensuite seulement, des autres : Européens, étrangers, bref de tous ces gens qui paraissent différents.

Bien souvent, pour alimenter la confusion, les dirigeants de l'extrême droite avancent masqués. Ils invoquent la République, la laïcité, parfois même les conquêtes sociales pour mieux tordre le coup à la portée universelle et exemplaire de ces acquis et empêcher le nécessaire débat sur l'inégale répartition des richesses. Les partisans de l'inégalité diffusent rarement leur propagande à visage découvert. Mais le martèlement de thèmes comme l'identité nationale et la préférence nationale, la vindicte jetée contre les Roms, les obsessions antisémites d'un humoriste, la comparaison scandaleuse entre quelques prières de rue de musulmans et l'invasion de la France par les troupes hitlériennes en juin 1940 révèlent la pulsion qui guide leurs actions et leur programme : la haine de l'autre.

À ce titre, les idées de l'extrême droite ne sont pas des idées ordinaires : elles font croire par exemple que la nationalité française octroie des droits sociaux non partageables avec des étrangers. Ainsi, l'idée se propage qu'il serait normal de priver les étrangers résidant en France d'allocations familiales ou d'aides au logement. Cette proposition qui relève du racisme est absurde : pourquoi les étrangers, qui participent par leur travail à la richesse du pays et par les cotisations qu'ils versent à la solidarité entre tous – chômeurs et salariés, retraités et actifs, malades et bien portants –, n'auraient-ils plus le droit de bénéficier de ces prestations sociales qu'ils contribuent à financer ? Même chose avec la jeunesse : pourquoi des jeunes faisant leurs études en France ne pourraient-ils pas les poursuivre au motif qu'ils sont étrangers ?

Le principe de la préférence nationale, ciment des propositions de l'extrême droite, introduit le germe de la division entre tous : lycéen(ne)s, étudiant(e)s, salarié(e)s, retraité(e)s, chômeur/ses, alors même qu'ils ont tout à gagner à leur solidarité et à une union qui fait leur force. La lutte pour le droit de tous les jeunes à l'éducation et le droit de tous au travail ne peut pas entrer dans une logique de tri fondé sur la nationalité. Jamais les grandes avancées sociales que sont par exemple la Sécurité sociale, dont les droits à la retraite, ou les congés payés, n'ont été obtenues en excluant de leur bénéfice les étrangers. L'expérience montre en effet qu'on ne conquiert pas de droits en acceptant que certains en soient dépouillés au prétexte de leur nationalité ou de leur croyance. Toute l'histoire sociale est jalonnée de moments où, pour contrecarrer la volonté patronale de rémunérer le travail au prix le plus bas en jouant sur la concurrence entre les travailleurs, les syndicats ont opposé la force de règles non discriminantes à travers l'accès à l'emploi, le droit du travail, les conventions collectives, les statuts...

La propagande de l'extrême droite vise donc les droits de l'homme comme les valeurs du monde du travail et du monde associatif. Au-delà, le discours de la préférence nationale, censé séduire les travailleurs et l'ensemble des citoyens français, cautionne l'idée fausse d'une inégalité foncière des êtres humains. Cela permet de mettre de côté le combat contre les causes réelles de l'injustice : l'extension de la précarité et de l'insécurité sociales parmi la jeunesse et dans de larges fractions de la population, l'exploitation de la force de travail de millions de salariés en France et dans le monde dans des conditions de rémunération et de vie inacceptables, l'absence de priorité donnée au développement humain permettant de satisfaire les besoins essentiels des hommes et des femmes habitant la même planète. Veut-on accroître ces inégalités, les rendre légitimes, ou les réduire par des actions qui sont autant de leviers pour opposer la force de la solidarité à la loi du tous contre tous ?

Dans ce contexte de grande tension et d'interrogations multiples, beaucoup de salarié(e)s, beaucoup de citoyennes et citoyens s'interrogent à juste titre : comment s'appuyer sur les valeurs de liberté, d'égalité et de fraternité pour combattre le rejet de l'autre ? Qui doit agir et comment ? Répondre à ces questions, participer au débat public sur ce qu'il est nécessaire de protéger, de construire, de changer implique de rejeter la propagande et la démagogie de l'extrême droite. Cela suppose l'engagement de toutes les forces qui se reconnaissent dans un idéal de justice, d'égalité et non pas uniquement des seuls partis politiques.

Parce qu'ils sont des acteurs démocratiques, les syndicats et les associations ont un devoir de vérité et de solidarité : leur histoire est marquée par leurs mobilisations contre la xénophobie, le racisme, le sexisme, l'homophobie, l'antisémitisme, les attaques contre les musulmans, contre toutes les tentatives haineuses de division des salarié(e)s, des citoyennes et des citoyens.

Aujourd'hui, face aux défis de grande ampleur qu'affrontent le monde du travail et plus largement nos sociétés, il s'agit de réinventer des politiques économiques et sociales qui sortent du cercle régressif de l'austérité, d'éradiquer la misère en faisant progresser l'emploi, de construire des coopérations mutuellement avantageuses avec d'autres continents, d'imposer des normes sociales dans les accords internationaux, de contribuer à une transition écologique pour l'humanité.

Ces défis ne pourront être relevés qu'à une condition : que la solidarité l'emporte sur le chacun pour soi et le chacun chez soi.

C'est la raison pour laquelle ce livre a été conçu. Il déconstruit une à une les idées fausses propagées par l'extrême droite, ces idées qui, sous le masque de l'évidence, véhiculent le mensonge et remettent en cause le fondement de notre démocratie : le droit de chacun à vivre dans la liberté, l'égalité et la fraternité. Ce livre ne remplace pas la nécessaire action syndicale et associative quotidienne. Il vient la compléter. C'est un outil pour mener l'indispensable débat. Le devoir des citoyens et des organisations qui les rassemblent est en effet de dissiper le mensonge et de se défaire du poison de la division et de la haine. Déconstruire les arguments de l'extrême droite, c'est ouvrir un horizon d'engagement. Pour donner à chacune et chacun la possibilité, dans sa vie au lycée, à l'université, au travail et dans la cité, de construire avec d'autres une société du vivre-ensemble, d'égalité, de liberté, de solidarité et de dignité pour toutes et tous.

Gérard Aschieri,
président de l'Institut de recherches de la FSU

Frédéric Bodin,
secrétaire national de l'Union syndicale Solidaires

Agnès Naton,
directrice de l'entreprise de presse de la CGT la SA « Vie Ouvrière »

Pierre Tartakowsky,
président de la Ligue des droits de l'Homme.

PREMIÈRE PARTIE

« LES ÉTRANGERS SONT COUPABLES. » IDÉES REÇUES SUR L'IMMIGRATION, LES TRAVAILLEURS ÉTRANGERS, LES TRAVAILLEURS SANS PAPIERS ET LA MONDIALISATION DU TRAVAIL

Sur l'accueil

1 « *Il n'est plus possible de condamner la France à accueillir la misère du monde.* »

Ce discours qui vise à faire croire que des « hordes de miséreux » déferleraient continuellement vers les pays riches du Nord, dont la France, est contraire à la réalité. Selon la démographe Catherine Wihtol de Wenden, « *sur les 240 millions de migrants internationaux, presque autant se dirigent vers le sud que vers le nord. Ainsi, 130 millions de personnes vont du sud au nord et du nord au nord et 110 millions de gens vont du sud au sud ou du nord au sud*[1] ». Par ailleurs, la France n'est pas un pays ouvert à tous les vents, victime de sa générosité envers l'étranger et oubliant les Français. Le nombre d'étrangers présents sur le territoire français représente depuis les années 1930 un pourcentage stable situé entre 6 et 7 % de la population[2]. Quant au flux des entrées, il montre que la France n'est pas le premier pays de destination des nouveaux immigrés (lire aussi le point 2). « *En 2011*, complète Catherine Wihtol de

---

1. Catherine Wihtol de Wenden, *La Question migratoire au XXIe siècle : migrants, réfugiés et relations internationales*, Paris, Presses de Sciences Po, 2e édition, 2013.

2. « Les étrangers sont-ils mieux traités que les Français ? », http://www.crdp-montpellier.fr/ressources/99/99dh0438.html (consulté en février 2014).

Wenden, *la France a accueilli 267 000 personnes* [chiffre qui inclut les immigrés européens] *quand l'Italie en accueillait 385 000, l'Allemagne 490 000 et le Royaume-Uni 565 000.* » Le Royaume-Uni accueille donc deux fois plus d'étrangers sur son sol que la France, et l'Italie 40 % de plus. On le voit, la France n'accueille pas toute la misère du monde. Un fait de l'actualité récente montre au contraire la fermeture de la France et, plus largement, de l'Europe, à la misère du monde : la tragédie syrienne. Alors qu'entre 2011 et 2013 la répression de la dictature de Bachar Al-Assad a fait plus de 100 000 morts, pas moins de 4,3 millions de Syriens ont dû fuir leur pays. Et qui les a accueillis ? À 98 %, les États voisins comme le Liban. Pays de 4,1 millions d'habitants, il a ouvert ses portes à 833 382 Syriens, soit l'équivalent de 20 % de sa population[3]. Devant cette situation humaine dramatique, le Haut comité des Nations unies pour les réfugiés (HCR) a lancé un appel aux pays européens – qui disposent a priori de plus de moyens que les pays de la région – pour qu'ils accueillent des réfugiés syriens. L'Allemagne a ainsi proposé d'en recevoir 5 000 quand la France proposait d'en accueillir 500[4]...

---

3. Dans le même temps, la Turquie en a accueilli 537 619, la Jordanie 563 263, l'Irak 206 137 et l'Égypte 128 967.

4. *Cf.* Geneviève Jacques (présidente de la Cimade), « Quand les plus beaux mots deviennent des gros mots », *in Témoignage chrétien*, n° 3568, 26 décembre 2013.

Le parcours du combattant

Depuis 2006, la France a délivré à peu près 200 000 titres de séjour par an[5]. Cette même année, elle a décidé de durcir ses conditions d'entrée, rendant très compliqué le parcours de celles et ceux qui voudraient s'installer sur son territoire. Pour rester sur le sol français, il faut d'abord pouvoir obtenir un visa. Une demande que l'État considère comme suspecte dès lors qu'il s'agit de visas touristiques, d'affaires, de poursuite d'études ou de regroupement familial : les préfectures partent souvent du principe que les requérants ne sont pas de bonne foi dans leur démarche et qu'ils établissent une telle demande dans le seul but de s'installer définitivement en France. Une appréciation subjective et pour le moins arbitraire, en contradiction flagrante avec la liberté de circulation établie par toutes les conventions internationales. Cette démarche, en plus d'être interminable, coûte très cher[6], et les frais avancés par les requérants ne leur sont pas remboursés, même en cas de refus par l'administration de leur délivrer un visa. Cette procédure administrative vise à décourager les candidats à la migration, poussant certains à se procurer un visa de manière illégale ou à payer un passeur pour entrer sur le territoire par des voies détournées et, le plus souvent, très dangereuses. Et, dans le cas où le demandeur finit par obtenir son visa, il doit ensuite engager d'autres démarches pour obtenir un titre de séjour. Cette procédure, là encore, est rendue extrêmement complexe par les différentes lois qui en réglementent les conditions d'obtention et, qui plus est, elle devient de plus en plus onéreuse[7]. Pour celles et ceux qui auraient enfin rempli toutes ces condi-

---

5. Ce chiffre ne concerne pas les Européens qui n'ont pas besoin de titre de séjour pour résider en France.

6. Prenons l'exemple du Mali où une telle demande s'élève en moyenne à 144 000 francs CFA (220 euros) alors que le salaire moyen n'excède pas les 40 000 francs CFA (61 euros) par mois.

7. Les requérants peuvent se voir demander de payer jusqu'à 670 euros pour un timbre fiscal.

tions, il leur faut, depuis 2007, signer un contrat d'accueil et d'intégration. Un document officiel qui ne signifie pas pour autant le droit de vivre définitivement en France. Une fois écoulée la durée du titre de séjour obtenu, une demande de renouvellement doit être faite.

2 *« Aujourd'hui, la France accueille bien plus d'étrangers qu'elle ne peut le faire. »*

Depuis 1994, la France accueille, chaque année et avec peu de variation, environ 200 000 migrants sur son sol, alors que dans le même temps, 100 000 autres font le chemin inverse, retournant le plus souvent dans leur pays. À peu de chose près et de manière constante, le solde migratoire français est donc de 100 000 personnes par an. Un nombre très faible pour un pays de 66 millions d'habitants. D'autant que, si l'on reste sur cette période allant de 1994 à 2012 et que l'on compare la moyenne du taux net de migration en France par rapport à celui des autres pays européens, on se rend compte qu'il est de 0,008 %, soit six fois inférieur à celui de l'Allemagne (0,05 %) et onze fois inférieur à celui de la Norvège (0,09 %). Si l'on détaille ces chiffres, on s'aperçoit que, pour l'année 2012, 191 452 titres de séjour ont été délivrés par la France (lire l'encadré ci-après), dont 86 572 pour raisons familiales, 58 000 en direction d'étudiants qui, pour la plupart, rentrent chez eux une fois leur cursus terminé, 18 005 au titre « humanitaire » et 16 379 pour raisons économiques. Dans son découpage, cette dernière statistique précise que 3 000 de ces titres de séjour sont accordés à des travailleurs qualifiés contre 13 000 à des travailleurs peu qualifiés. Mais ce n'est qu'une réalité officielle : ces soi-disant entrées de travailleurs non qualifiés sur le territoire national sont en fait des régularisations de travailleurs sans papiers déjà présents en France, et ce depuis de nombreuses années. Reconnaître cela publiquement permettrait de couper court au fantasme de l'invasion instrumentalisé par l'extrême droite, de sortir d'une logique de réfutation chiffres contre chiffres, et d'affirmer, enfin, que non seulement l'économie française a besoin de ces travailleurs mais que, plus largement, la France n'est pas seulement un pays d'accueil, mais bien d'hospitalité. Plus vaste que la politique de la main tendue, cette notion d'hospitalité est une indispensable condition à la préservation du vivre-ensemble qui doit être opposée à la politique du chiffre. S'appuyant sur l'égalité des droits, la solidarité et l'ouverture au monde, elle doit promouvoir l'établissement d'un nouveau pacte citoyen qui rassemblerait toutes les personnes vivant sur le territoire, quel que soit l'endroit où elles sont nées.

De qui parle-t-on ?

– Immigré : personne qui a quitté le pays où elle est née pour partir vivre dans un autre pays. Le statut d'immigré n'est donc pas lié au concept de nationalité. De plus, un immigré n'est pas forcément un étranger s'il a acquis la nationalité française, de même qu'un étranger n'est pas forcément un immigré s'il est né sur le territoire français.

– Étranger : personne qui réside en France et qui ne possède pas la nationalité française, soit qu'elle en possède une autre, soit qu'elle n'en a pas. Un étranger n'est pas forcément un immigré, il peut être né en France (c'est souvent le cas des mineurs). À la différence de celle d'immigré, la qualité d'étranger ne perdure pas toujours tout au long de la vie. On peut devenir français par acquisition.

– Demandeur d'asile : personne qui dit être un(e) réfugié(e) mais dont la demande est encore en cours d'examen et qui n'a aucun droit ni aucun statut tant que sa demande n'a pas reçu d'issue favorable.

– Réfugié : personne persécutée dans son pays qui bénéficie du droit d'asile, à savoir de la protection du pays qui l'accueille.

– Débouté du droit d'asile : personne dont le statut de réfugié n'a pas été accepté et qui, si elle n'a pas été expulsée, devient un sans-papiers. La régularisation d'un débouté du droit d'asile vise à lui donner un permis de séjour, condition minimum de son intégration.

– Sans-papiers : étranger entré ou résidant sur le territoire français sans titre de séjour, ou qui a perdu son droit légal au séjour.

3 *« La France accorde de plus en plus l'asile aux étrangers qui en font la demande. »*

Les demandes d'asile trouvent de moins en moins de réponses favorables en France alors qu'elles sont garanties par la convention de Genève signée en 1951 par 147 États. Dans les années 1970, 80 % des demandes effectuées se soldaient par une réponse favorable. Aujourd'hui, 80 % d'entre elles débouchent sur un refus [8]. La France est donc de moins en moins une terre d'asile pour ceux qui fuient leur pays parce qu'ils sont victimes de la répression, de la torture, du viol ou de la chasse aux démocrates. Elle tourne ainsi peu à peu le dos au meilleur de sa tradition. En effet, tout au long de son histoire, la France a été un refuge salutaire, par exemple pour les immigrés italiens

8. *Cf.* Geneviève Jacques, art. cit.

fuyant le fascisme de Mussolini ou les juifs d'Europe de l'Est fuyant les pogroms nazis, pour les républicains espagnols antifranquistes rejoignant la France libre et la résistance à l'occupation hitlérienne, ou encore pour les 100 000 *boat people* vietnamiens ou les dizaines de milliers de démocrates latino-américains fuyant la guerre et les régimes dictatoriaux mis en place dans leurs pays.

4 « Les étrangers sont beaucoup plus délinquants que les Français. »

Si un détenu sur cinq est étranger, il est faux d'en tirer la conclusion que ces derniers seraient plus délinquants que les Français. Très souvent, c'est l'importance du contentieux de l'immigration qui conduit en prison des personnes qui n'ont commis d'autre délit que des infractions liées à la législation sur les étrangers [9]. Cette « clandestinité administrative », définie ainsi par les juristes de la Cimade [10], est notamment provoquée par le code de l'entrée et du séjour des étrangers et du droit d'asile. Ainsi, selon le ministère de l'Intérieur, entre 1998 et 2002, 90 % des étrangers en situation irrégulière étaient entrés sur le territoire français de façon légale [11]. C'est

9. *Cf.* le rapport de Simone Goriau et Valérie Osouf, « Pour l'abrogation de la double peine », Terra Nova, 17 mai 2013.

10. La Cimade (Comité inter-mouvements auprès des évacués) est une association de solidarité active avec les migrants, les réfugiés et les demandeurs d'asile.

11. Mustapha Harzoune, « Politique et immigration », Musée de l'histoire et de l'immigration, http://www.histoire-immigration.fr/histoire-de-l-immigration/questions-contemporaines/politique-

bien le non-renouvellement de leur titre de séjour qui plonge ces personnes dans l'illégalité, les rendant ainsi plus vulnérables aux divers contrôles dont ils peuvent faire l'objet. Le cas le plus fréquent est celui d'un travailleur devenu sans-papiers qui se fait arrêter et enfermer par exemple suite à un contrôle routier, ou après une inspection inopinée menée sur un chantier. Dans les deux cas, son seul tort est souvent de ne pas avoir de papiers d'identité ou de récépissé sur lui. La sanction est pourtant immédiate : il se verra placé en rétention[12], dans l'attente de son jugement, voire de son expulsion du territoire français. En 2010, les chiffres du ministère de l'Immigration – redevenu depuis ministère de l'Intérieur – indiquaient que 39 % des condamnations prononçant une interdiction du territoire français à titre de peine complémentaire visaient comme infraction principale l'entrée ou le séjour irrégulier – ou devenu irrégulier – d'un étranger en France. Soit 4 869 détenus sur les 12 171 prisonniers étrangers écroués en France au 1er janvier 2010[13]. 7 302 étrangers étaient donc détenus pour un autre délit que le séjour irrégulier sur le territoire français, soit 11 % des personnes en prison, à mettre en rapport avec les 7 % d'étrangers présents en France (lire le point 1). Cette proportion relativement plus importante d'étrangers en prison s'explique aussi par le fait que

---

et-immigration/combien-coute-une-expulsion, 2012 (consulté en février 2014).

12. Dans le cadre de la détention provisoire, on compte 90 % d'étrangers contre 73 % de Français. *Cf.* Simone Goriau et Valérie Osouf, *op. cit.*

13. Cette même année 2010, les prisons françaises comptaient 66 089 détenus. *Cf.* Simone Goriau et Valérie Osouf, *op. cit.*

beaucoup de ceux qui ont commis un délit sont jugés en comparution immédiate sans avoir le temps de préparer leur défense et en étant souvent obligés de recourir à un interprète. La plupart du temps, ces jugements en comparution immédiate sont expéditifs et se soldent par une incarcération [14].

5 *« Les Roms sont culturellement inintégrables. »*

Les Roms qui vivent en France sont majoritairement originaires de Bulgarie et de Roumanie. D'après l'ONG Médecins du Monde, qui travaille quotidiennement à leurs côtés, leur nombre varierait entre 15 000 et 20 000. Tout au long de leur histoire, ils ont continuellement fait l'objet de persécutions. Esclaves jusqu'au XVIIIe siècle, déportés en Transnistrie pendant la Seconde Guerre mondiale, victimes de la sédentarisation forcée sous le communisme, dépossédés de leurs terres sous la dictature de Ceausescu, cette minorité ethnique se voit sans cesse opposer une répression raciste à ses moindres faits et gestes.

Ce qu'on oublie, c'est que les Roms doivent affronter un problème majeur : la grande misère. Celle-ci se combat par l'accès à l'éducation, à la santé et au logement. Or, en Bulgarie et en Roumanie, comme en France, ces politiques sont absentes ou insuffisantes (lire l'encadré ci-après). La discrimination et le racisme à l'égard

14. 59 % des étrangers sont écroués dans ce cadre contre 45 % de Français. *Cf.* Simone Goriau et Valérie Osouf, *op. cit.*

des Roms les empêchent d'accéder à leurs droits et de subvenir à leurs besoins fondamentaux. Pourtant, des subventions européennes conséquentes ont été versées pour l'intégration des Roms sur les territoires de ces pays. Sur la période 2007-2013, la France a ainsi touché 1,7 milliard d'euros au titre de l'inclusion sociale et de la lutte contre les discriminations à l'égard des Roms[15]. Résultat, en six ans, 53 projets d'insertion ont été cofinancés par le Fonds social européen. À un petit détail près, mais qui a son importance : ces projets ont été principalement dirigés vers les gens du voyage[16] (lire aussi l'encadré du point 32) ou les personnes vivant en campements, c'est-à-dire une majorité de Français et non de Roms. Ce n'est pas un mal en soi, bien au contraire, toutefois, le financement reçu est détourné de son objectif initial, l'insertion des Roms. De plus, la réalisation de ces 53 projets a coûté 4 millions d'euros[17], ce qui représente une somme dérisoire au regard de l'enveloppe européenne accordée à la France. À se demander, comme l'a encore fait en octobre 2013 la commissaire euro-

15. Document de la Commission européenne, « Union européenne : recommandations pour l'insertion socio-économique des communautés roms », 9 décembre 2013.

16. L'expression « gens du voyage » est une catégorie juridique du droit français introduite par la loi du 3 janvier 1969 sur « l'exercice des activités économiques ambulantes et le régime applicable aux personnes circulant en France sans domicile ni résidence fixe ». Cette communauté dite des « voyageurs » n'a aucun lien avec les Roms.

17. À l'échelle européenne, ce ne sont pas moins de 50 milliards d'euros qui ont été injectés, au titre de l'intégration des populations Roms, dans les budgets des 27 pays membres de l'Union européenne.

péenne Viviane Reding, où passe l'argent. Pourtant, des solutions existent. Des dizaines de municipalités françaises ont, depuis longtemps, fait le pari de l'insertion des Roms, au nom de la cohésion républicaine. C'est aussi bien le cas à Faches-Thumesnil (Nord), ville de 18 000 habitants dont le maire est membre de l'UDI (Union des indépendants, de Jean-Louis Borloo), qu'à Castelnau-de-Guers (Hérault), bourgade communiste de 1 000 habitants. Toutes les deux, entre 2008 et 2009, ont décidé soit d'installer des familles roms dans des mobil-homes financés par l'État, soit de les loger dans un bâtiment communal aménagé. Près de cinq ans après la mise en place de cet accueil, la plupart des parents ont trouvé du travail dans le secteur du BTP, de l'entretien des espaces verts ou dans le transport routier. Quant aux enfants, presque tous ont été scolarisés[18].

Interdits de travail

Selon les estimations, 85 % des Roms vivant en France ont quitté la Roumanie ou la Bulgarie pour des raisons économiques. Si, depuis le 1er janvier 2014, ces ressortissants européens peuvent venir travailler en France sans avoir besoin de justifier d'un titre de séjour ou d'une autorisation spéciale de travail, ils ont subi le maintien par la France de mesures dites « transitoires » jusqu'au 31 décembre 2013, alors même que la majorité des autres États de l'Union européenne les avait levées dès 2007. Ces mesures obligeaient les travailleurs bulgares et roumains – et donc, pas forcément roms – à justifier de ressources régulières pour pouvoir venir en France ou à prouver qu'ils exerçaient une activité économique, en qualité de

18. *Cf.* Benjamin Sèze, « Roms, on vide l'océan à la petite cuillère », *in Témoignage chrétien*, n° 3560, 31 octobre 2013.

travailleur salarié ou non. À ces mesures, l'État avait également joint une liste limitative de métiers pouvant être exercés par les Roms. Liste à laquelle s'ajoutaient des complexités administratives pour tout employeur voulant établir un contrat de travail avec ces derniers. Une procédure organisée de telle façon que ces personnes se retrouvaient dans l'impossibilité de travailler légalement et dans l'obligation d'accepter n'importe quel travail, le plus souvent au noir. L'application de la nouvelle directive de janvier 2014 devrait rompre cette spirale. Ces changements récents vont dans le sens d'une intégration sociale des Roms dont le travail est le vecteur principal.

6 *« Les Roms envoient leurs enfants commettre des vols, parce qu'ils sont mineurs et donc jamais sanctionnés. »*

S'il est exact que certaines familles envoient leurs enfants mendier ou voler pour tenter de gagner rapidement de l'argent, la plupart des mineurs impliqués sont sous la coupe de réseaux mafieux. Selon les services de police spécialisés sur la question de la délinquance des mineurs, sur les 6 000 enfants roms vivant avec leurs familles en Ile-de-France, 400 à 600 seraient contraints par ces réseaux à commettre des délits. Un taux de 4 à 10 %, que ne manque pas d'instrumentaliser l'extrême droite, qui est pourtant à nuancer par cet autre pourcentage : d'après une récente étude du collectif Romeurope[19], seuls 10 % des enfants roms vivant en France et en âge d'être scolarisés le sont. Alors même que le Centre de recherche pour l'étude et

---

19. Collectif Romeurope/Fondation Abbé-Pierre, « La non-scolarisation en France des enfants roms. Étude sur les obstacles à la scolarisation des enfants roms migrants en France », février 2010.

l'observation des conditions de vie (Crédoc) a établi, grâce à une enquête[20] réalisée auprès de 100 mineurs roms pris en charge par les services de l'Aide sociale à l'enfance de Paris, que 97 % de ces enfants avaient pu valider une année scolaire ou obtenir un diplôme (lire l'encadré ci-après). On le voit, des solutions existent pour intégrer ces mineurs et les sortir des griffes des réseaux mafieux. Or, ils ne sont pas traités de la même manière dans les différents pays européens. Alors que, depuis 1998, des pays comme l'Italie et la Belgique ont rapidement pris des mesures d'encadrement et de protection des enfants roms, en France, la justice les considère toujours comme des délinquants et non comme des enfants à protéger. Ainsi, en 2012, une jeune fille de moins de quinze ans, considérée comme récidiviste, a été condamnée à onze mois de prison ferme, alors qu'il était établi qu'elle agissait sous la contrainte[21]. Une peine rendue possible par le fait qu'en France les mineurs de plus de treize ans peuvent être condamnés à de la prison. Ce qui a poussé les bandes organisées à utiliser des enfants de moins de treize ans pour poursuivre leurs divers trafics. La justice ne peut rester inerte devant de tels faits : les gangsters qui organisent ces réseaux et qui en profitent doivent subir une répression implacable, et leurs victimes être traitées comme ce qu'elles sont, des mineurs.

---

20. Crédoc, « Que sont-ils devenus ? », étude coordonnée par Régis Bigot, 2006.

21. Témoignage recueilli par les militants du Réseau éducation sans frontières (RESF), entretien vidéo avec Olivier Peyroux, sociologue, http://www.dailymotion.com/video/x19ma6v_entretien-avec-olivier-peyroux_news (consulté en février 2014).

Quand on empêche les enfants roms d'être scolarisés

Les difficultés que les Roms roumains et bulgares éprouvent ne sont pas dues à la « culture rom », qui les condamnerait à être à la marge, mais aux difficultés d'insertion des adultes sur le marché du travail et de scolarisation des enfants. Deux des raisons de cette non-scolarisation sont, selon le sociologue Olivier Peyroux[22], d'une part le refus de nombreuses municipalités, toutes couleurs politiques confondues, d'inscrire des enfants roms à l'école par peur de l'installation d'un campement sur leur territoire, et d'autre part les démantèlements des camps et des bidonvilles, sans solution de relogement[23], qui brisent net le processus de scolarisation.

22. Olivier Peyroux, *Délinquants et victimes. La traite des enfants d'Europe de l'Est en France*, Paris, Éditions Non lieu, 2013.
23. Ce qui est contraire à la directive de juillet 2012.

Sur le social et l'économie

7 *« La majorité des familles étrangères ne font des enfants que pour vivre des allocations. »*

Dans le cas des familles étrangères, seules celles en situation régulière peuvent bénéficier des allocations familiales, soit au titre de réfugié, soit après avoir obtenu une carte de séjour « vie privée et vie familiale ». Les demandeurs d'asile, eux, n'ont pas accès à ces allocations pendant la durée de l'instruction de leur dossier qui peut prendre des mois, voire des années. Il est même courant, selon Brigitte Trégouët, médecin et membre de la Cimade[1], qu'une fois le père régularisé au titre du travail (lire l'encadré ci-après), la Caisse d'allocations familiales dise ne pas avoir connaissance des enfants, bloquant ainsi les versements, même si les professeurs des écoles fournissent des justificatifs certifiant la présence quotidienne de ces élèves en classe. Rappelons que le but de ces allocations est de permettre aux enfants d'accéder, dans les meilleures conditions possibles, à l'éducation et à la santé, et qu'elles ne sont certainement pas suffisantes pour faire « vivre » des familles.

1. Information recueillie au cours d'un entretien qui s'est tenu le 2 janvier 2014.

Les étrangers doivent payer pour travailler… leurs employeurs pour les embaucher

Pour obtenir une carte de séjour, un travailleur étranger doit s'acquitter d'une « taxe de premier titre de séjour » demandée par l'Office français de l'immigration et de l'intégration (Ofii). Son montant est de 260 euros depuis décembre 2013. Il devra ensuite payer 106 euros à chaque renouvellement de cette carte. Un ressortissant étranger qui sollicite une régularisation au titre du travail doit payer un droit de visa de régularisation de 340 euros (50 euros, payables au moment du dépôt du dossier et non remboursés si la demande est rejetée, auxquels s'ajoutent 290 euros si la demande est acceptée). Quant à l'employeur, s'il veut embaucher un travailleur étranger, il doit également payer une taxe à l'Ofii. Celle-ci varie selon la nature de l'autorisation de travail, la durée de l'embauche et la nature du salaire. Ainsi, un patron peut se voir demander de régler 70 euros pour un CDD de 4 mois, payé 799 euros brut, et jusqu'à 960 euros dans le cas d'un CDD de 12 mois, rémunéré 1 714 euros brut. Un maquis administratif qui ne favorise guère l'intégration des étrangers par le biais du travail.

8 *« L'essentiel des impôts et des cotisations sociales ne sert qu'à financer le chômage des oisifs et des profiteurs, souvent des étrangers qui ne font aucun effort pour avoir du travail. »*

Les travailleurs non qualifiés comptent parmi les plus touchés par le chômage et la précarité. Cela concerne une grande majorité des travailleurs étrangers, dont plus du tiers est employé sous contrats temporaires. On retrouve ce taux à l'échelle européenne où la fréquence de la précarité de ces derniers est environ cinq fois supérieure à celle de l'ensemble de la population occupant un emploi. Mais, à qualification égale, les étrangers ne sont pas plus au chômage que les Français. Alors, oisifs, les étrangers ? Comme tous les travailleurs, ils ne ménagent par leur peine. On le constate sur les chantiers, dans les arrière-salles de l'hôtellerie, dans le nettoiement ou l'agro-alimentaire... Comme les Français, ils souhaitent pouvoir vivre dignement de leur travail. Chose impossible pour les demandeurs d'asile qui, rappelons-le, n'ont pas le droit de travailler, et compliquée pour les autres, étant donné la complexité de la loi en matière de régularisation au titre du travail (lire l'encadré du point précédent). Quant aux prestations sociales, ATD Quart Monde[2] a récemment démontré qu'une large partie des personnes éligibles à ces différents types d'aides – qu'elles soient françaises ou étrangères – n'en faisaient tout simplement pas la demande. Souvent du fait de leur difficulté à entreprendre ces démarches ou du simple manque d'information sur la manière de les obtenir. Ce phénomène a un nom : il s'agit du non-recours[3]. Chaque année, il fait « économiser » 11 milliards d'euros à l'État, dont 5,3 milliards pour le RSA et 4,7 milliards pour les prestations familiales et de logement.

---

2. ATD Quart Monde, *En finir avec les idées fausses sur les pauvres et la pauvreté*, Paris/Ivry-sur-Seine, Éditions Quart Monde/Les Éditions de l'Atelier, 2013.

3. Il est de 50 % en moyenne pour le RSA, 29 % pour la CMU complémentaire, 68 % pour le tarif première nécessité d'EDF, 62 % pour le tarif spécial solidarité de GDF et de 50 à 70 % pour les tarifs sociaux dans les transports urbains.

Sur les travailleurs étrangers

9 « La France ne peut plus accueillir d'étrangers. »

La France peut continuer à accueillir des étrangers pour deux raisons majeures. En premier lieu, cinquième puissance économique mondiale, elle reste un pays riche à condition de miser sur le travail des salariés, sur le développement d'industries et de services de qualité. C'est cela qui créé de la richesse. En second lieu, comme tous les grands pays occidentaux – l'Allemagne, les États-Unis, la Grande-Bretagne –, la France a besoin de main-d'œuvre, notamment de travailleurs étrangers. L'histoire montre que la prospérité de pays comme les États-Unis ou la France a été assurée par un apport massif de travailleurs venus des campagnes et des pays étrangers. Ils ont permis par leur travail de construire des logements, des autoroutes, des automobiles. Aujourd'hui, la France continue donc d'accueillir beaucoup de travailleurs étrangers sur son sol pour répondre à un besoin de main-d'œuvre. L'extrême droite prend prétexte du fait que beaucoup sont sans papiers et mal payés pour réclamer leur expulsion en tentant par là d'opposer Français et étrangers. L'économie française a pourtant besoin de ces salariés étrangers puisqu'ils contribuent d'ores et déjà de façon décisive à la vie économique de secteurs entiers. Ce sont donc leurs conditions de travail et de vie

qu'il faut améliorer. La société et l'économie n'ont rien à gagner à la persistance de poches de précarité. Faire progresser les salaires et les conditions de travail de tous les salariés, français et étrangers, est le meilleur moyen de sortir de la régression sociale et de créer des richesses qui bénéficient à tous.

10 *« À l'époque du plein-emploi, on pouvait faire venir des étrangers. Mais cela fait plus de trente ans que le chômage augmente et on ne les a pas renvoyés dans leur pays, alors que cela libérerait des emplois pour les Français. »*

Dans le monde du travail, l'interchangeabilité des postes n'existe pas. L'exercice d'un métier quel qu'il soit suppose du savoir-faire, une qualification qui ne s'acquiert pas par décret. C'est donc un non-sens d'affirmer qu'il suffirait de remplacer un étranger par un travailleur national pour contrer le chômage qui touche d'ailleurs tous les travailleurs, qualifiés ou non. L'augmentation du chômage ne tient pas à la présence de travailleurs étrangers mais à une logique de court terme qui favorise la rémunération du capital au détriment des investissements, des salaires et de la formation. Ainsi, demander le renvoi des étrangers dans leurs pays, c'est ne pas vouloir affronter véritablement le problème du chômage et des droits sociaux de tous les travailleurs, quelle que soit leur nationalité.

Ces retraités qui aimeraient bien vieillir chez eux

Ils sont immigrés non-européens, ils ont plus de 65 ans, ont cotisé toute leur vie de travail et aimeraient pouvoir bénéficier de leur retraite dans leur pays d'origine. Sauf qu'ils ne le peuvent pas. Condamnés à rester en France et à vivre le plus souvent dans des foyers miteux[1], ces 35 000 retraités[2] sont victimes de la non-application des articles 58 et 59 de la loi sur le droit au logement opposable (Dalo). Votés le 5 mars 2007, ces deux articles devaient pourtant faciliter *« la réinsertion familiale et sociale des anciens migrants dans leur pays d'origine »* en mettant en place une allocation financée par leurs propres cotisations qui devait permettre leur retour dans leur pays d'origine. La loi Dalo, alors portée par Jean-Louis Borloo, allait même plus loin. L'un de ses décrets d'application évoquait la possibilité de créer une « portabilité » des droits à la retraite des travailleurs étrangers. En clair, ce décret devait leur donner la possibilité de toucher leur retraite française, une fois installés dans leur pays d'origine. Ce qui, au final, n'a jamais été appliqué sous la présidence Sarkozy. Face à cette injustice qui oblige des personnes qui ne le souhaitent pas à rester vivre en France, la commission d'information sur les immigrés âgés[3] a remis, en juillet 2013, son rapport à Matignon. Sur ses 82 mesures, la plus importante porte sur l'application stricte des décrets 58 et 59 de la loi Dalo, donnant ainsi le droit aux retraités étrangers de retourner dans leur pays finir leurs vieux jours, tout en continuant à toucher leur retraite française[4].

---

1. Sur les 700 foyers qui accueillent les travailleurs migrants, 340 n'ont toujours pas bénéficié de travaux de réhabilitation alors qu'ils ont été construits dans les années 1970.
2. Chiffre du ministère de la Ville.
3. Mise en place en janvier 2013 par Claude Bartolone, le président de l'Assemblée nationale, cette mission parlementaire a remis, le 3 juillet 2013, un rapport comprenant 82 propositions visant à l'amélioration de l'accès au droit des migrants.
4. Actuellement, pour pouvoir bénéficier de leur pension, ces derniers doivent résider au moins six mois par an en France.

11 *« Les travailleurs étrangers représentent un manque à gagner pour la France car ils rapatrient une bonne partie de leurs revenus vers leurs familles restées à l'étranger. »*

Les travailleurs étrangers sont au contraire une « très bonne affaire » pour l'économie française. S'ils perçoivent 47,9 milliards d'euros de l'État répartis en allocations diverses, prestations de santé et droits à la retraite, ils en reversent 60,3 milliards en impôts, en cotisations et en taxes à la consommation. Soit un solde positif de 12,4 milliards d'euros pour les finances publiques françaises [5]. Sur la question cruciale des retraites, aussi, on s'aperçoit que les travailleurs étrangers seraient l'une des solutions à ce serpent de mer politique. Selon le comité d'orientation des retraites, *« l'entrée de 50 000 nouveaux immigrés par an permettrait de réduire de 0,5 point de PIB le déficit des retraites »*. Quant à la question des fonds transférés par les migrants, si ces derniers ont plus que doublé en dix ans dans le monde, atteignant 498 milliards de dollars en 2011 [6], contrairement à ce qu'on pourrait croire, ils ne proviennent pas majoritairement des étrangers installés

---

5. Ces calculs sont tirés d'une étude menée en 2009 par des chercheurs de l'université de Lille pour le compte du ministère des Affaires sociales : « Économie politique des migrations », *Regards croisés sur l'économie*, La Découverte, novembre 2010.

6. « Dossier immigrés : intégration, emploi, formation, flux migratoires », document daté du 31 janvier 2013, http://www.clesdusocial.com/IMG/pdf/immigres-integration-emploi-formation.pdf (consulté en février 2014).

en Europe ou en Amérique du Nord. En effet, deux tiers de ces fonds sont envoyés d'un pays du Sud par des migrants qui, pour la majorité d'entre eux, s'installent dans des pays voisins aux leurs. Ainsi, en Asie, les fonds proviennent surtout de l'Inde et des pays du Golfe ; en Afrique, de la Côte-d'Ivoire, du Kenya et de l'Afrique du Sud. Et en moyenne, ces fonds transférés représentent 2 % du PIB des pays qui les reçoivent.

Sur les travailleurs sans papiers

12 *« Les travailleurs sans papiers n'ont pas de fiches de paie. Ils ne payent donc pas de cotisations sociales ni d'impôts. »*

En France, ne pas avoir de carte de séjour n'empêche pas, quand on travaille, d'avoir des fiches de paie et de cotiser à la Sécurité sociale. D'ailleurs, personne ne conteste la réalité de cette situation. Ni les préfectures, ni les directions du travail. Estimés à des centaines de milliers, les travailleurs de l'ombre font tourner les domaines de la restauration et du bâtiment, mais aussi les secteurs du nettoyage et de la surveillance, et travaillent, pour certains, sous leur vrai nom. Beaucoup d'autres utilisent le système de l'alias en se servant des cartes de séjour et des documents officiels de leurs proches. L'existence de ce système, qui a été reconnue par l'État, a servi de moyen de pression lors de luttes portant sur la régularisation de travailleurs sans papiers : certains des grévistes ont fini par obtenir des préfectures la signature d'un certificat de concordance où patron et salarié reconnaissent que la personne usant de son nom d'emprunt travaille bien dans l'entreprise. Ce qui leur a permis d'acquérir des papiers.

13 *« Les travailleurs sans papiers sont des fraudeurs qui profitent de leur statut de clandestins. »*

Comme la majorité des « statuts » dont sont affublés les étrangers en situation irrégulière, la figure du « clandestin » a été créée de toutes pièces par l'État (lire l'encadré ci-après). Pour le comprendre, il faut revenir en 1974, année où le gouvernement français décide de reprendre la main sur le contrôle de l'immigration. Devant le ralentissement continu de la conjoncture économique, il choisit de mettre un terme à l'immigration de travail[1]. En fait, la seule catégorie d'étrangers dont l'immigration a été stoppée au milieu des années 1970 est celle des travailleurs non européens et non qualifiés. Et si l'immigration légale reste ouverte aux époux et épouses de Français, aux familles d'étrangers en situation régulière, aux réfugiés politiques, aux Européens et aux travailleurs qualifiés, cette décision prise sous la présidence de Valéry Giscard d'Estaing pousse des centaines de milliers de travailleurs non qualifiés, déjà présents sur le territoire

---

1. Dès le début de l'année 1972, les circulaires Marcellin-Fontanet (du nom des ministres de l'Intérieur et du Travail) instaurent la délivrance conjointe des titres de séjour et de travail, les deux ayant désormais une validité identique. Revenant sur l'un des principes fondateurs de l'ordonnance de 1945, ces circulaires lient étroitement le séjour des étrangers à la situation du marché du travail, en plaçant le travailleur étranger sous *« la stricte dépendance de son employeur, à l'initiative des opérations de régularisation »*. En l'absence de renouvellement de son contrat de travail, l'étranger se retrouve donc en situation irrégulière du point de vue du séjour et n'a plus le droit aux allocations chômage.

français, vers la clandestinité. Sous pression permanente des contrôles de police, dans l'impossibilité de faire vivre leurs proches, les sans-papiers se voient fragilisés et contraints d'accepter n'importe quel travail. C'est ce que l'anthropologue Emmanuel Terray appelle la « délocalisation sur place ». Un système qui utilise ces travailleurs, privés de tout droit et de sécurité, en permettant l'établissement d'une concurrence sauvage dans les domaines du BTP (bâtiment et travaux publics), de la restauration, de la surveillance, du travail à domicile et du nettoyage industriel. Très concurrentiel et ne permettant pas au patronat de dégager un taux de marge infini, ce dernier secteur surexploite des travailleurs sans papiers qui n'ont d'autre choix, par exemple, que de nettoyer cinq étages d'un hôtel au lieu des trois habituels, payés au même salaire de misère. Cette « délocalisation sur place » fonctionne ainsi *« dans nos propres villes, dans nos propres pays, avec les conditions qui sont celles de la main-d'œuvre des pays du tiers-monde »*, explique Emmanuel Terray[2]. Salaires extrêmement bas, protections réduites au minimum – absence de droits syndicaux, conditions de travail effroyables –, temps de travail illimité, contrats en matière de salaires non respectés du fait de certains paiements de la main à la main... Dans la plupart des pays de l'Organisation de coopération et de développement économiques (OCDE), un système de sous-traitance en cascade favorise, selon Jean-Pierre Garson[3], *« le recru-*

2. « "Délocalisation sur place", libre circulation et droits des migrant-e-s », entretien publié dans la revue *La Brèche*, 26 avril 2008.
3. Jean-Pierre Garson est le responsable de la division des Migrations internationales de l'OCDE. *Cf.* le rapport de Jean-Pierre Garson

tement d'étrangers en situation irrégulière, permettant aux entreprises de nombreux secteurs de réduire leurs charges sociales et d'échapper ainsi aux contraintes imposées par le droit du travail».

« Clandestins » ou « sans-papiers » ?

« Pour désigner les immigrants illégaux, l'utilisation du terme de "clandestins" plutôt que de celui de "sans-papiers" n'est pas indifférente. Qui entend "clandestins" pense aussitôt à délinquance et à trafics. Or, s'il est vrai que les immigrants illégaux s'efforcent d'échapper aux contrôles de police, ils ne sont nullement "clandestins" pour autant, en particulier lorsqu'ils travaillent. Leur présence en nombre sur les chantiers, dans les ateliers ou dans les restaurants est connue de tous, y compris des services de police. Au surplus, nombre de sans-papiers envoient leurs enfants à l'école et se font soigner en recourant à l'aide médicale d'État. Leur "clandestinité" est donc toute relative. En réalité, les sans-papiers que je connais sont pratiquement tous des citoyens modèles : peu soucieux d'attirer sur eux l'attention des autorités, ils traversent dans les clous et paient leur billet dans les transports en commun. Beaucoup d'entre eux paient rubis sur ongle leurs impôts. Bref, les sans-papiers n'ont qu'un seul souhait : pouvoir vivre comme tout le monde et leur seul délit est d'être là. »

Emmanuel Terray, anthropologue, membre du groupe de travail « Étrangers et immigrés » de la Ligue des droits de l'homme. Extrait de l'article « La politique de l'immigration et son langage », *Hommes & Libertés*, n° 159, septembre 2012.

---

et Anaïs Loizillon, « L'Europe et les migrations, de 1950 à nos jours : mutations et enjeux », Commission européenne/OCDE, janvier 2003.

14 *« Aider les sans-papiers à avoir des droits, c'est réduire les droits des autres salariés. »*

C'est souvent le contraire qui se passe. Quand des travailleurs sans papiers se mobilisent au sein de leur entreprise, cela finit souvent par débloquer la situation pour l'ensemble des salariés (lire l'encadré ci-dessous). Ce type de lutte n'est jamais déconnecté de l'ensemble des revendications de la communauté de travail. Se battre contre la surexploitation des salariés, c'est aussi se mobiliser pour la régularisation des travailleurs sans papiers. Car les maintenir dans des zones de non-droit n'a comme conséquence, à terme, que de provoquer un abaissement des salaires et des garanties collectives de tous. En effet, loin de concerner ces seuls travailleurs, le respect et la défense des règles du code du travail sont indispensables à tous. Aider les sans-papiers à avoir des droits, c'est donc permettre aussi aux travailleurs français et aux travailleurs étrangers « avec papiers » de ne pas perdre les leurs. Voire d'en gagner. Le développement de ce genre de revendications, qu'elles viennent ou non des migrants, n'a qu'un but : permettre d'améliorer les conditions de travail et de rémunération de la totalité des salariés qui vivent en France.

Sepur : grève victorieuse pour la régularisation

Le seul droit dont disposent les travailleurs sans papiers est le droit constitutionnel à la grève. Le 7 octobre 2013, à cinq heures du matin, dix éboueurs sans papiers employés par la société Sepur à Alfortville (Val-de-Marne) débrayent. Ils exigent leur régularisation. Treize autres sans-papiers les rejoignent. Deux jours plus tard, face à l'hésitation du patron à remplir les documents nécessaires à leur régularisation, c'est l'ensemble des salariés du dépôt qui se mettent en grève, profitant du mouvement pour exprimer un *« ras-le-bol généralisé*[4] *»*. L'action ne faiblit pas. L'employeur finit par céder et remplit les documents exigés pour que chacun des vingt-trois travailleurs sans papiers puisse obtenir une carte « salarié ». Dans la foulée, quatre autres employés, cumulant de multiples contrats ultracourts, obtiennent le paiement de l'équivalent de 2 000 heures de CDD, et cinq autres salariés intérimaires repartent également avec les engagements fermes de la direction de leur signer une mission de travail d'un an.

4. Communiqué de la CGT du 17 octobre 2013.

Sur la concurrence entre les travailleurs

15 *« Il n'est pas avantageux pour les travailleurs français de se soucier des travailleurs étrangers, car leurs intérêts ne sont pas les mêmes. »*

Les travailleurs, quels qu'ils soient, n'ont jamais intérêt à se diviser. L'histoire l'a montré : c'est de leur union que sont nées toutes les grandes conquêtes (sécurité sociale, congés payés, etc.). Le fondement du syndicalisme, c'est la solidarité. La force des employeurs réside largement dans leur capacité à opposer entre elles les différentes composantes du salariat. En réponse, la force des travailleurs consiste donc à s'unir. Cela implique de défendre l'intérêt général, de faire profiter à tous de ce qui a été gagné par quelques-uns. L'exercice du syndicalisme est fondé sur le principe de solidarité et consiste à dépasser les mises en opposition entre salariés (femmes et hommes, étrangers ou non, travailleurs jeunes et âgés, qualifiés ou non) pour obtenir de meilleures conditions de travail et de vie pour tous. En revendiquant la journée de huit heures, les congés payés, les syndicats ont amélioré les conditions de vie de tous les salariés. En luttant pour établir une sécurité sociale qui compense la perte de revenus causée par la maladie, en faisant en sorte que les travailleurs âgés voient leur retraite financée par les cotisations des actifs plus jeunes, les syndicats ont uni les intérêts des différentes catégories de salariés. C'est le même principe qui les pousse à demander l'égalité entre hommes et femmes. Et quand une convention collective est négociée par les syndicats dans une branche industrielle, il ne vient à l'idée de personne d'en exclure les étrangers. Même si les syndicats doivent encore mieux prendre en compte les droits des intérimaires et des salariés employés chez les sous-traitants. On voit, par ces exemples, que c'est l'union et la solidarité des travailleurs, quelle que soit leur nationalité, qui créent les conditions des avancées sociales.

16 *« L'arrivée des travailleurs étrangers représente une concurrence déloyale pour les travailleurs français. »*

Ce ne sont pas les travailleurs étrangers qui dégradent la situation de l'emploi et tirent les conditions de travail et les salaires vers le bas, mais l'adoption, depuis le début des années 1980, de règles internationales qui organisent une concurrence sauvage entre les pays, les territoires et les entreprises. Cette concurrence s'est développée sans aucune règle sociale contraignante qui aurait permis l'amélioration des salaires et des conditions de travail dans l'ensemble des pays. Il existe pourtant un organisme dont c'est le rôle, l'Organisation internationale du travail (OIT), reconnu par tous les pays mais qui, contrairement à l'Organisation mondiale du commerce (OMC), est dépourvu de capacités à sanctionner les États en cas de non-respect des conditions sociales (prise en compte des droits des salariés, salaires, horaires, etc.) lorsque des pays concluent des accords de libre-échange. C'est donc bien la mondialisation dans sa version capitaliste qui tire les salaires vers le bas et dégrade les conditions de travail, pas les travailleurs étrangers. Ainsi, l'OIT devrait être dotée de pouvoirs contraignants pour obliger les États à respecter les droits fondamentaux des travailleurs sans laisser le Fonds monétaire international (FMI) et la Banque mondiale agir à leur guise en ne prenant pas en compte le respect de normes sociales, dans les pays dans lesquels ils interviennent. Pour veiller à la mise en application de ces normes sociales et en développer de nouvelles, le syndicalisme européen propose de créer des outils afin, notamment, d'imaginer « Une nouvelle voie pour l'Europe » (lire l'encadré ci-dessous).

« Une nouvelle voie pour l'Europe »

Porté par la Confédération européenne des syndicats[1] (CES), le projet « Une nouvelle voie pour l'Europe » défend l'investissement, une croissance durable et des emplois de qualité. Pour la CES, *« l'Europe peut se sortir de la crise en investissant dans une croissance durable et dans l'emploi grâce à une stratégie audacieuse injectant annuellement 2 % de PIB supplémentaires pendant dix ans.* [Cela] *pour établir une nouvelle*

1. La Confédération européenne des syndicats représente plus de 60 millions de travailleurs et se bat pour que des accords-cadres sectoriels ou des accords autonomes, directement négociés avec le patronat, soient mis en œuvre sous forme de directives européennes. En France, elle regroupe la CFDT, la CGT, FO et l'Unsa.

base industrielle et créer des emplois de qualité ainsi que des opportunités éducatives». Ce nouveau plan, autrement nommé *«plan de stimulation»* par la CES, permettra de générer jusqu'à 11 millions de nouveaux emplois en Europe et contribuera à une relance économique et sociale durable au cours de la prochaine décennie. *«Un plan de relance,* conclut la CES, *visant à faire naître une plus grande solidarité en Europe basée sur les principes de démocratie, de stabilité et de cohésion.»*

17 *« Les travailleurs étrangers des pays pauvres sont prêts à travailler à n'importe quel salaire et dans n'importe quelles conditions : c'est à cause d'eux qu'il y a une régression sociale. »*

Que dirait-on si quelqu'un proposait de renvoyer toutes les salariées françaises à leur foyer ? Que cette proposition serait folle, inutile et insensée. Pourtant, à compétences et diplômes égaux, elles sont payées 27 % de moins que leurs collègues masculins. Prolongeant la pensée de l'extrême droite sur les salaires *low cost*, on devrait accuser les Françaises de concurrence déloyale, prétendre qu'elles tirent les salaires vers le bas, et donc qu'elles sont responsables de la régression sociale dans le monde du travail... alors que ce sont bien ces dernières qui sont victimes de cette injustice sociale. Il en va de même pour les travailleurs étrangers des pays pauvres[2]. S'ils touchent des salaires de misère, c'est du fait d'une organisation du travail qui existe à l'échelle mondiale et

2. Pour rappel, en 2012, 870 millions d'entre eux vivaient avec moins de deux dollars par jour.

qui systématise la pratique de la sous-traitance en cascade ou celle de la délocalisation pour réduire les coûts et augmenter les marges, racheter ici, fermer là... sans jamais se soucier un instant du sort des travailleurs. Aujourd'hui, le libre-échange permet aux multinationales de délocaliser leurs productions dans des pays où les coûts sont bas, d'exploiter les salariés, de polluer l'environnement et de réimporter leurs productions sans avoir à s'acquitter de quelques droits douaniers que ce soit. Ces groupes internationaux font de surcroît pression sur les réglementations sociales et environnementales des pays industrialisés. Que font les dirigeants de ces multinationales si un pays comme la France décide, par exemple, de la mise en place d'une réglementation sociale et environnementale plus contraignante ? Ils menacent immédiatement de délocaliser leurs productions. Accepter ce chantage est une impasse qui aboutit à une logique de concurrence sans fin. Au lieu de cela, il faut plutôt valoriser la qualité du travail et des services effectués par des salariés qualifiés et bien rémunérés. Il est en effet possible d'être compétitif en proposant des services et des produits de qualité.

Sur la mondialisation

18 *« Quand les Français émigrent à l'étranger, c'est pour apporter leurs diplômes et leurs compétences, alors que les étrangers, eux, viennent chez nous sans qualification, pour profiter des richesses qu'ils n'ont pas chez eux. »*

Pour le démographe Hervé Le Bras[1], la France qui s'inquiète d'être « submergée » par l'immigration est en train de devenir un pays d'émigration. Selon une enquête réalisée en 2012 par la Maison des Français de l'étranger[2], 44 % des 1,5 million d'expatriés sont des diplômés âgés de moins de 35 ans. Se disant victimes du *« manque de confiance des seniors »* ou de *« discriminations en raison de leurs origines »*, ces derniers ont majoritairement quitté la France faute de pouvoir trouver du travail dans leur domaine et selon leurs compétences. Depuis le début des années 2000, cette tendance augmente de 3 à 4 % par an. En 2013, elle a même atteint un pic : cette année-là, 27 % des jeunes envisageaient de

1. « Les Français émigrent-ils à l'étranger ? », http://www.histoire-immigration.fr/histoire-de-l-immigration/questions-contemporaines/les-migrations/les-francais-emigrent-ils-a-l-etranger, 2012 (consulté en février 2014).
2. « Enquête sur l'expatriation 2012 », http://www.mfe.org, 2012 (consulté en février 2014).

partir vivre à l'étranger[3]. 27 %, c'est également le taux de chômage actuel des jeunes Français mesuré par Eurostat en mars 2013. En somme, l'émigration des Français à l'étranger est de plus en plus due à l'existence d'un chômage de masse des jeunes en France. Paradoxalement, la France et la plupart des pays riches manquent de main-d'œuvre qualifiée dans des secteurs comme la médecine, les services de santé et certaines industries. La France fait donc venir des médecins de Roumanie, des infirmières d'Espagne, quand les États-Unis recrutent des ingénieurs informaticiens en Inde. Ce qui est en cause dans ces phénomènes, ce n'est pas la circulation des personnes mais les politiques de formation déficientes des pays riches qui créent une pénurie de main-d'œuvre et contribuent, par la mise en œuvre de stratégies d'« immigration choisie », à priver les pays les plus pauvres de leurs salariés les plus qualifiés. On voit par là qu'on ne peut faire abstraction des inégalités sociales et de développement dans le monde quand on veut aborder les questions d'immigration. Publiée le 20 janvier 2014, l'étude annuelle de l'ONG Oxfam[4] montre que 46 % des richesses mondiales sont détenues par 1 % de la population et que les 85 personnes les plus riches possèdent autant que la moitié la plus pauvre de la population mondiale. En 2012, on comptait ainsi 212 milliardaires de plus qu'en 2011, se partageant une fortune cumulée

---

3. « Pourquoi ils quittent la France », sondage Ifop-Deloitte publié par *Le Figaro* le 19 avril 2013.

4. « En finir avec les inégalités extrêmes. Confiscation politique et inégalités économiques », http://www.oxfam.org/fr/policy/finir-inegalites-extremes2012 (consulté en février 2014).

de 5 400 milliards de dollars, soit une augmentation de 17 % en un an. 17 %, c'est aussi le taux, en nette hausse, de citoyens européens vivant sous le seuil de pauvreté cette même année. Désormais, toujours selon Oxfam, sept personnes sur dix dans le monde vivent dans un pays où l'inégalité économique a augmenté au cours des trente dernières années. Selon Sébastien Fourmy, d'Oxfam France[5], *« sans véritable action pour réduire ces inégalités, les privilèges et les désavantages se transmettront de génération en génération, comme sous l'Ancien Régime. Nous vivrons alors dans un monde où l'égalité des chances ne sera plus qu'un mirage »*. Ces inégalités économiques ont pour conséquences directes l'explosion de la pauvreté et l'exacerbation des problèmes sociaux, qui poussent les citoyens du monde à fuir leur pays pour se construire une nouvelle existence ailleurs. La progression des inégalités au niveau mondial explique ainsi une partie de l'immigration. On ne peut en rester à ce constat. Soit on se recroqueville et on tente de construire des murs qui empêchent de voir l'état du monde, soit on s'engage pour combattre les inégalités sur la planète et pour construire une perspective de développement durable qui procure du travail à tous. Dans cette seconde option, la seule qui soit solidaire, la France, et plus largement l'Europe, ont intérêt à construire un tissu de coopérations économiques avec d'autres continents. Dans cette perspective, la présence de personnes immigrées originaires de ces pays est une formidable opportunité pour établir des liens, imaginer des projets

5. « Inégalités : 1 % de la population mondiale détient près de la moitié des richesses », *Le Parisien*, 20 janvier 2014.

communs, échanger des idées, construire des partenariats dans les domaines de l'industrie et des services et s'entraider pour envisager la transition écologique.

19 *« La France est en train d'être colonisée par les étrangers. »*

Le mot « colonisation » n'est pas un mot neutre (lire aussi le point 39). Être colonisé, c'est être contraint d'obéir et voir ses richesses pillées par des étrangers. La France et le Royaume-Uni ont ainsi tiré d'énormes ressources de la conquête d'immenses territoires dans lesquels ils ont exploité la force de travail des populations autochtones sans leur donner accès à la citoyenneté et à l'égalité des droits. La présence en France d'investisseurs chinois, indiens, américains ou qataris n'est en rien comparable à la colonisation. Comme ailleurs dans le monde, le plus important est de faire en sorte que, dans les entreprises contrôlées par ces investisseurs, les droits et les conditions de travail des salariés soient respectés et progressent.

Sur les accords internationaux

20 ***« Depuis la levée du contrôle aux frontières et du fait des accords de Schengen, la France est envahie par les Roms et par des travailleurs pauvres venus d'autres pays. »***

Concernant les accords de Schengen et la « normalisation » de l'accès à l'emploi des Roms, rien ne prouve qu'il y aurait création d'un « appel d'air », bien au contraire. Selon un bilan de la Commission européenne établi en 2008 sur l'ouverture des frontières aux travailleurs venant de Roumanie et de Bulgarie, il ressort que non seulement les flux migratoires sont restés modérés par rapport aux périodes précédant cette ouverture, mais qu'en plus la migration de retour vers les pays d'origine augmente du fait du ralentissement économique des pays de la zone euro.

Sur l'Europe

21 *« Depuis l'euro, la vie est plus chère et tout va plus mal. »*

La cause de la plupart de nos difficultés, c'est la financiarisation de l'économie et la spéculation à l'échelle mondiale, avec ou sans euro. L'extrême droite désigne l'euro comme la cause de tous nos maux pour éviter le débat sur l'essentiel, à savoir l'usage qui est fait de cette monnaie utilisée par 18 pays de l'Union européenne. L'euro a réduit les risques de *dumping* qui résulteraient de la dévaluation des monnaies nationales. Sans l'existence de l'euro, que se passerait-il si, par exemple, du fait de leurs difficultés économiques, l'Espagne et l'Italie décidaient de dévaluer leur monnaie de 30 % ? Les débouchés des produits français exportés vers ces pays seraient supprimés car leur prix augmenterait d'autant, ce qui provoquerait des licenciements. Les économies des pays européens sont donc trop imbriquées pour qu'ils puissent se livrer à une guerre économique en dévaluant leurs monnaies. Pour autant, la gestion actuelle de l'euro n'est pas satisfaisante. Elle devrait être démocratisée : les orientations de la Banque centrale européenne (BCE) pourraient être débattues et décidées par des instances politiques au niveau des parlements européen et nationaux. Une autre logique financière que celle consistant à contenir l'inflation en favorisant la rente au détriment d'investissements créateurs d'emplois pourrait émerger et permettre de réaliser la transition écologique. L'euro devrait être un levier au service du projet élaboré par la Confédération européenne des syndicats (CES) et intitulé « Une nouvelle voie pour l'Europe » (voir l'encadré du point 16). L'euro ne doit en effet pas être une fin en soi mais un moyen au service des échanges, de l'emploi, des projets de développement et de la solidarité entre les femmes et les hommes des pays européens.

22 *« Un pays sans monnaie est un pays soumis aux puissances étrangères. »*

La France n'est pas un pays sans monnaie. Elle a fait le choix de se doter, avec l'euro, d'une monnaie commune à d'autres États européens. Pour alimenter sa propagande nationaliste, l'extrême droite parle souvent d'un abandon de souveraineté en décriant l'euro et en laissant penser qu'avec le franc tout irait bien. En fait, l'euro, s'il était bien utilisé, pourrait être le symbole non d'un abandon mais d'un partage de souveraineté entre plusieurs pays qui choisissent librement de s'unir pour développer des projets communs. Pour empêcher le débat politique sur cette question, la rhétorique de l'extrême droite fait croire à l'existence d'un ennemi, les « puissances étrangères », d'où viendrait le mal. Une fois de plus, elle se trompe de diagnostic : la monnaie est un levier qui peut s'utiliser de différentes manières. L'existence d'une monnaie nationale n'est pas en soi un gage de progrès humain. Le droit de battre monnaie crée la souveraineté d'un pays ou d'un ensemble de pays, mais c'est l'usage qui est fait de cette monnaie qui détermine sa finalité. La monnaie n'a pas de sens en soi. Plutôt que de se laisser berner par le faux débat sur l'euro, mieux vaut examiner le contenu des politiques monétaires et en débattre démocratiquement. Longtemps, les États ont utilisé leur monnaie nationale au service de leur politique, soit pour favoriser la rente (les revenus tirés de l'épargne ou des placements) en contenant la création monétaire, soit en finançant des besoins économiques et sociaux et en créant par ce moyen de la richesse par le travail. Bien avant la création de l'euro, à partir des années 1980, les États occidentaux ont favorisé un usage spéculatif de la monnaie en supprimant peu à peu le contrôle des changes et des opérations bancaires. Des masses énormes d'argent ont ainsi été mises en circulation par les banques sur l'ensemble de la planète avec pour but ultime de favoriser le rendement financier le plus haut, et ce dans le laps de temps le plus court possible. Cela, par la création de multiples produits sans rapport avec le financement de l'économie réelle. La monnaie est ainsi devenue l'objet d'un marché et non le support facilitant les échanges entre les personnes et la réalisation de projets individuels et collectifs. Au lieu d'être un bien commun dont l'usage est contrôlé par les citoyens, elle est devenue un produit comme un autre créant, à force de spéculations effrénées, ce qu'on appelle des bulles financières. On sait maintenant à quelle issue a conduit cette politique fondée sur l'idée que les marchés financiers se réguleraient eux-mêmes pour le bien de tous : l'éclatement de la bulle financière de 2008, la plus importante depuis 1929, générant des milliers de milliards d'euros de pertes dans les banques, le tout financé par les États, donc par les citoyens. L'origine de cette crise n'est pas liée à l'existence ou non d'une monnaie nationale mais à l'aveuglement des responsables politiques des différents pays qui ont délégué au marché l'usage de la monnaie et des produits financiers sans lui fixer de règles contraignantes. Avec leur monnaie nationale, le dollar, les États-Unis n'ont pas plus prévenu la crise que les pays européens avec l'euro. Plutôt que d'agiter la menace d'une soumission aux puissances étrangères, c'est bien la soumission des pays aux intérêts des marchés financiers qu'il faut remettre en cause.

23 *« L'Union européenne est un boulet aux pieds de la France. »*

L'Union européenne est un atout. Encore faut-il bien en jouer et non le dénaturer. Aveuglée par son nationalisme, l'extrême droite se garde bien d'examiner sereinement les bénéfices et les insuffisances de l'Europe. Elle préfère surfer sur des slogans faciles qui évacuent le nécessaire débat politique sur l'évaluation du bilan passé et présent de l'Europe.

En créant la Communauté économique européenne (CEE) lors du Traité de Rome en 1957, les six pays fondateurs, l'Allemagne, la Belgique, la France, l'Italie, le Luxembourg et les Pays-Bas cherchent à sortir des luttes fratricides causées par les deux guerres mondiales qui ont pris naissance sur le Vieux Continent. Les initiateurs de ce traité, précédé par la création en 1952 de la

Communauté européenne du charbon et de l'acier (CECA), sont convaincus que la création d'un grand marché commun peut unifier l'Europe et garantir sa prospérité. De fait, la Communauté européenne puis l'Union européenne ont considérablement rapproché des peuples comme l'Allemagne et la France qui, en moins de soixante-dix ans, s'étaient affrontés au cours de trois guerres successives (1870, 1914, 1939), causant des dizaines de millions de morts. En plus de cinquante ans d'existence, aucun conflit militaire n'a éclaté entre les membres de cette Union. L'adhésion à l'Union européenne garantit également l'exercice de la démocratie dans chacun des pays avec l'application de la Charte des droits fondamentaux adoptée en 2007. Ces acquis ne sont pas minces au regard du nombre de dictatures, de guerres et de régimes autoritaires dans le monde. Évaluer ces bienfaits ne doit pas, pour autant, rendre aveugle sur les insuffisances de la construction européenne. Celles-ci tiennent en grande partie au fait que la loi de la concurrence est érigée comme le principe directeur des décisions économiques et au fait que la Commission européenne légifère sans mandat des citoyens. Comme la monnaie, la concurrence n'est en soi ni un bien ni un mal et encore moins un objectif qui se suffit à lui-même. Il peut être utile d'utiliser la concurrence pour défaire un monopole qui s'est installé dans un secteur et abuse de son pouvoir sur ses sous-traitants et ses clients, mais il peut être aussi utile de protéger des activités vis-à-vis de concurrents d'autres continents qui profitent de nombreux avantages tant du point de vue fiscal que social. Tout cela suppose un débat démocratique, ce que n'organise pas l'Union européenne qui reste la plupart du temps obnubilée par l'application des règles de la concurrence sans les mettre en rapport avec des finalités économiques et sociales pourtant essentielles au bon développement humain de l'Europe. Ce déficit démocratique a créé un divorce profond entre les citoyens et les institutions européennes. Celui-ci s'est manifesté notamment par le rejet du traité européen en 2005 par plusieurs pays, dont la France. Depuis cette date, le traité de Lisbonne en 2007 et le traité pour la stabilité, la coordination et la gouvernance (TSCG) en 2012 ont été adoptés sans consultation populaire. Pourtant, cette Union pourrait être une chance historique de substituer à la sacro-sainte loi de la concurrence de réelles logiques de coopération impliquant les acteurs sociaux et les États des pays membres dans la construction d'un projet de développement durable. Pour amorcer ce changement et faire entendre leurs projets, il faudrait que les citoyens, et notamment leurs syndicats, disposent de plus de pouvoir au sein des institutions européennes [1]. L'Europe pourrait ainsi montrer que l'humanité a intérêt à s'orienter vers des coopérations qui permettent, sans éliminer le marché, de lutter contre la misère, de répondre aux besoins sociaux, d'assurer un développement industriel et de réaliser la transition écologique. L'Europe est donc une chance, pas un boulet. Au lieu de la refuser comme le propose l'extrême droite, il s'agit de la construire, la démocratiser, s'en emparer pour la mettre au service du bien commun.

---

1. Même si cela reste très insuffisant, l'obligation faite à la Commission européenne de faire approuver son projet par le Parlement européen va dans ce sens.

24 « À part payer pour les pays qui ne travaillent pas, l'Europe ne sert à rien. »

Les bosseurs d'un côté, les feignants de l'autre ? Allons donc ! Cette caricature simpliste ne résiste pas à l'analyse des faits. L'Union européenne, à travers sa politique de fonds structurels, a financé la modernisation de nombreuses régions en Europe. En finançant la construction de routes, d'équipements divers, elle a ainsi aidé au désenclavement de beaucoup de pays et régions qui connaissaient des retards de développement. Ensuite, face à la crise de la dette, l'Europe s'est malheureusement trompée de diagnostic en laissant croire que l'austérité était le remède aux problèmes rencontrés par un certain nombre de pays comme l'Espagne, le Portugal ou la Grèce. Prenons l'exemple emblématique de la Grèce. Lorsqu'en 2001 ce pays entre dans la zone euro, tout le monde applaudit. Le gouvernement grec présente ses comptes qui, apparemment, entrent dans les critères imposant d'avoir moins de 3 % de déficit budgétaire. En fait, les comptes grecs sont truqués. Et pour établir ce vaste travail de maquillage, le gouvernement d'Athènes se paie les services d'une banque privée, Goldman Sachs, dont l'un des experts de l'époque n'est autre que l'italien Mario Draghi, l'actuel gouverneur de la BCE. À moins de croire au hasard, difficile de penser que les experts de Bruxelles se soient laissé ainsi rouler dans la farine. Les comptes de la Grèce sont plus que bancals ? Peu importe, il faut faire vite, les affaires n'attendent pas. Dans son livre *Illusion financière*, l'économiste Gaël Giraud explique notamment que par « affaires », il faut comprendre de juteux achats d'armement par la Grèce, dont les volumes explosent entre 2002 et 2007, au point d'atteindre 4 % de son PIB en 2009 [2]. Alors même que ce pays n'est pas réputé pour être une zone de conflits sensibles et que le budget en armement du premier gendarme du monde, les États-Unis, frôle tout juste les 5 % de son PIB. Cette anomalie n'en est pas une pour tout le monde. Suite à ces juteux contrats qui réjouissent notamment les vendeurs d'armes français, les prêts des banques étrangères à la Grèce se voient multipliés par quatre entre 2000 et 2007, et ce sans que personne ne tire la sonnette d'alarme. En fait, ces banques sont persuadées qu'en cas de problème, les contribuables européens paieront. Ce qui ne manque pas d'arriver. En 2009, le réveil est douloureux. Et, au lieu de remettre en cause ces dépenses insensées, de racheter sous conditions la dette grecque pour sortir de l'impasse, de la rééchelonner, voire d'en annuler une partie contractée suite à la dictature des colonels dans les années 1970, les autorités européennes, toujours en lien avec le FMI, appliquent une thérapeutique qui ressemble à ce marchandage : *« Nous vous accordons un nouveau prêt si vous privatisez bon nombre de vos services publics, si vous baissez les salaires et si vous supprimez des postes de fonctionnaires. »* Cette mécanique de choc sera appliquée à plusieurs reprises sans que jamais les citoyens grecs ne soient appelés à se prononcer sur la justesse de ces mesures. Et voilà comment un pays d'Europe se retrouve plongé pour longtemps dans un état

2. Gaël Giraud, *Illusion financière*, Ivry-sur-Seine, Les Éditions de l'Atelier, 2012.

de sous-développement chronique, avec pour conséquence la moitié de la jeunesse au chômage ou dans l'obligation de quitter son pays. En conditionnant l'octroi de nouveaux prêts aux pays comme la Grèce, l'Espagne ou le Portugal à l'adoption de plans d'austérité drastiques et de privatisations, l'Europe joue contre elle-même. La Commission européenne, guidée par une logique qui considère l'Europe comme un vaste marché, où la loi de la concurrence est un absolu, impose ces mesures d'austérité sans réel débat démocratique, alimentant ainsi le nationalisme et l'idée qu'il existe des peuples qui ne travaillent pas assez. Mais la Commission ne représente pas l'Europe à elle toute seule. Le Parlement européen, où siègent des députés élus au suffrage universel, aspire à jouer un rôle plus important pour exercer plus de contrôle sur les activités de la Commission et construire des projets suffisamment motivants sur le plan économique, social et écologique pour qu'ils renforcent les solidarités entre les différents pays de l'Union au lieu de les diviser et d'accentuer les écarts de développement. Pour mettre en œuvre ces projets, les gouvernements nationaux doivent accepter d'augmenter fortement leur contribution au budget européen dont le montant est aujourd'hui ridiculement bas au regard des enjeux d'avenir.

DEUXIÈME PARTIE

« C'EST LA FAUTE AU SYSTÈME. » IDÉES REÇUES SUR L'EXERCICE DE LA DÉMOCRATIE REPRÉSENTATIVE, LES LIBERTÉS, LES DROITS ET LES DEVOIRS CIVIQUES

Sur la démocratie

25 « La France est aux mains des politiciens et des lobbies affairistes. »

Il est intéressant de souligner que le slogan habituel de l'extrême droite « tous pourris » épargne en général le monde des affaires et celui des grands décideurs économiques pour se focaliser sur les élus. La plupart du temps, il émane d'une fraction politique qui n'a jamais accepté la République en tant que telle et qui n'a de cesse d'accuser ses représentants de tous les maux. Certes, tous ne sont pas exempts de reproches. Beaucoup ont même été condamnés. Mais cette mise en accusation d'une élite qui agirait contre l'intérêt des citoyens n'a qu'un objectif : les mettre tous dans le même panier, les déconsidérer pour, au final, discréditer la République. Le résultat espéré est de décourager les citoyens de franchir le pas de la politique et de les inciter à voter en « opposition », donc à voter pour le Front national (FN). Pourtant, ce que l'on appelle généralement la « classe politique » – et que l'extrême droite nomme « les politiciens » – n'est pas un système homogène, ni dans sa composition, ni dans ses objectifs, ni dans sa manière de fonctionner. En réalité, le problème est de deux ordres. D'une part, la connivence entre une partie des élus et ceux qui détiennent le pouvoir économique, à travers des phénomènes de corruption du politique par les entreprises et les lobbies, prend en France, selon l'ONG Transparency International, des proportions inquiétantes. D'autre part, la captation des mandats par des élus de milieux sociaux privilégiés et majoritairement de sexe masculin contribue à couper le lien entre les citoyens et ceux qui les représentent dans les différentes instances politiques. Mais faut-il pour autant crier « Tous pourris ! » avec l'extrême droite ? Non, car la responsabilité du citoyen ne s'arrête justement pas à cet acte unique de désignation de l'élu. Au contraire, il doit maintenir une vigilance constante et constructive à l'égard des actions de celui-ci et ne pas se déresponsabiliser, pensant qu'une fois le bulletin glissé dans l'urne les affaires de la cité ne le concernent plus. La solution à la crise de la représentation politique ne réside donc pas dans la stigmatisation des élus, mais dans le développement de mesures qui fassent en sorte qu'ils reflètent mieux la diversité de la société du point de vue des origines sociales, de l'âge, des sexes. Il faut par ailleurs renforcer la participation des citoyens à l'élaboration des décisions qui les concernent, et cela à tous les niveaux – local, national et européen –, dans l'entreprise comme dans la cité.

26 *« Donner le droit de vote et d'éligibilité aux étrangers aux élections locales, c'est leur laisser penser qu'ils sont chez eux et qu'ils ont tous les droits. »*

Depuis l'instauration du traité de Maastricht et l'autorisation par la loi constitutionnelle du 25 juin 1992 d'accorder le droit de vote et d'éligibilité aux citoyens de l'Union européenne pour les élections locales, ceux-ci peuvent vivre dans un autre pays que celui de leur naissance et participer en tant que citoyens à la vie locale du pays d'Europe où ils vivent. Ce principe de base de la citoyenneté républicaine a été instauré par la Révolution qui a établi une distinction entre citoyenneté et nationalité : à partir de 1789, la citoyenneté est un acte de volonté détaché de la nationalité. Consacré par la Déclaration des droits de l'homme et du citoyen et confirmé par la Constitution du 24 juin 1793, cet acte permet aux étrangers âgés de vingt et un ans d'exercer leur droit de vote, et ce jusqu'en 1795. Aujourd'hui, les quelque 2,4 millions d'étrangers non européens qui vivent sur le territoire français ne peuvent pas s'impliquer dans la vie publique en participant à la désignation des personnes qui organisent la vie locale, c'est-à-dire la leur. Une discrimination d'autant plus incompréhensible et injustifiée qu'ils bénéficient déjà de toute une série de droits civils et sociaux leur permettant de travailler, de payer leurs impôts et de contribuer à la richesse nationale.

27 *« Les syndicats français sont sectaires. La preuve : ils excluent leurs membres qui appartiennent au Front national. »*

Défendre ses valeurs fondatrices, ce n'est pas être sectaire. L'égalité et la solidarité envers tous les travailleurs sont les conditions mêmes de l'existence du syndicalisme. Fondé aussi sur la fraternité, il prône l'union et défend les droits de tous. L'exact opposé de cette extrême droite qui a échoué ces trente dernières années dans ses tentatives d'entrisme dans les différentes centrales syndicales françaises (lire l'encadré ci-après). Ce qui ne prouve qu'une chose : l'incapacité structurelle et idéologique du FN à s'inscrire dans les combats sociaux. Le parti de Marine Le Pen en est réduit à accuser le monde syndical de sectarisme et à surjouer la surenchère électoraliste, espérant ainsi profiter du désarroi des salariés. Une impasse quand on sait que la manipulation de la colère ouvrière par l'extrême droite n'a pour objectif que de diviser et de retourner cette colère contre les plus fragiles, au seul profit des tenants du pouvoir. Ainsi, quand le syndicalisme défend des valeurs universalistes où chaque travailleur a les mêmes droits, et ce quelle que soit sa nationalité, le Front national conditionne ces droits à la seule nationalité française. Quand, par exemple, les statuts de l'ensemble des confédérations syndicales excluent toute différence ou discrimination entre leurs adhérents, le FN, lui, fonde son « programme social » sur le principe de la « priorité nationale » (lire le point 60). En opposant les salariés français et immigrés, il cherche à les détourner de la question essentielle de l'inégale répartition des richesses, servant ainsi les intérêts du patronat. Voilà pourquoi les valeurs du syndicalisme sont absolument incompatibles avec celles de l'extrême droite.

Retour sur une manipulation

L'histoire remonte au 31 janvier 2011, jour où la CGT découvre les propos de Fabien Engelmann publiés par *Riposte laïque*[1]. Ancien de Lutte ouvrière et du Nouveau parti anticapitaliste, celui qui est alors secrétaire CGT des agents territoriaux de la mairie de Nilvange déclare qu'il sera le candidat frontiste, dans ce territoire de Moselle, aux élections cantonales de mars 2011. Un choc accompagné de cette annonce : « *Dans une, voire deux semaines, des dizaines d'adhérents de la CGT vont faire leur* coming out. *Ce sera du jamais vu !* » Résultat, Fabien Engelmann sera le seul perdant de cette affaire montée en épingle par un Front national qui cherche avant tout à masquer l'échec de ses nombreuses tentatives d'entrisme dans le monde ouvrier et syndical depuis le début des années 1970. De l'Union générale des travailleurs au Parti des forces nouvelles qui donnera naissance, en 1973, à l'Association pour un syndicalisme libre, aucune de ces structures n'est arrivée à s'ancrer dans le monde ouvrier[2]. Fondées sur des bases corporatistes, elles ont pour but de réunir patrons et salariés d'une même branche, et non l'ensemble des travailleurs de toutes les branches. Les syndicats d'extrême droite n'ont absolument pas pour objectif la remise en cause des règles du libéralisme. Dans un discours volontairement teinté de « social », Jean-Marie Le Pen donne corps, le 1er mai 1996, au concept de « préférence nationale » par le travail avec ce nouveau slogan : « *Produisons français avec des travailleurs français.* » Grâce à ce slogan, le leader frontiste espère surtout rassembler les salariés autour de thèmes sécuritaires et anti-immigrés. Lors des mouvements sociaux qui suivent, des syndicats comme le

1. Il s'agit d'un journal en ligne dont la visée est, sous couvert de défense de la laïcité, de combattre « l'islam politique », mais, en fait, toute visibilité de l'islam et des musulmans dans la cité.
2. *Cf.* Jean-Pierre Gautier, « Le Front national démasqué par l'histoire », *Cahiers de l'histoire sociale*, Institut CGT, juin 2013 (numéro spécial).

FN-Police, le FN-RATP ou le FN-Pénitentiaire voient le jour. Mais là encore, la tentative du Front national se heurte à deux obstacles : d'une part l'absence de ses militants dans les luttes, d'autre part l'action en justice menée par la CGT en 1997, à la suite de laquelle les tribunaux prononcent l'interdiction aux officines frontistes d'exercer tout mandat syndical, estimant qu'ils *« font de la politique »* et non qu'ils luttent en faveur des droits des salariés. Un peu plus de quinze ans après ce combat perdu, le FN décide de mettre fin à toute tentative de présence syndicale au sein des entreprises.

Sur les libertés

28 *« Si la liberté d'expression était réelle, on devrait pouvoir tout dire, y compris tenir des propos racistes. »*

La liberté a son prix, qui est la responsabilité, et c'est la loi qui en formule les termes : elle interdit tout propos servant le négationnisme ou l'incitation à la haine raciale, nationale ou religieuse. L'extrême droite le sait bien et s'en moque. Sa thèse selon laquelle toutes les opinions se valent traverse l'histoire des mouvements nationalistes européens et prospère grâce à un large cadre juridique qui fait de la liberté d'expression l'une des libertés fondamentales protégées par les constitutions démocratiques. Dans sa rédaction, la Déclaration universelle des droits de l'homme de 1948 ne spécifie ni les conditions particulières ni les restrictions nécessaires à cette dernière. Pourtant, un certain nombre de textes de lois et de jurisprudences la restreignent en vertu de la protection des individus. En France, c'est la loi Gayssot qui joue ce rôle de garde-fou [1]. Promulguée le 13 juillet 1990, elle vise *« à réprimer tout acte raciste, antisémite ou xénophobe »* et complète la loi sur la liberté de la

1. Cette loi a été défendue par les députés et sénateurs communistes Jean-Claude Gayssot et Charles Lederman. Elle visait à compléter l'arsenal juridique en pénalisant le négationnisme.

presse du 29 juillet 1881, en rappelant que *« toute discrimination fondée sur l'appartenance ou la non-appartenance à une ethnie, une nation, une race ou une religion est interdite*[2] ». Un point crucial pour pouvoir réfuter cette soi-disant limitation de la liberté d'expression : si cette dernière est bien entendu la condition d'existence du débat démocratique, elle devient haineuse et illégale dès lors qu'elle attaque une personne sur ce qu'elle est et non sur ce qu'elle pense.

29 *« Les juifs ne sont pas les seules victimes de l'histoire, arrêtons de ressasser les épisodes de la Shoah et des chambres à gaz. »*

Les juifs ont été désignés par les nazis comme la population à exterminer dans le cadre de la solution finale. À ce titre, ils occupent une place singulière dans l'histoire, qui n'occulte pas les autres victimes du nazisme : chrétiens, opposants politiques, Slaves, Tsiganes, homosexuels. Pour lutter contre la concurrence des mémoires, qui ne fait que diviser et développer les communautarismes, il est indispensable d'étudier et d'enseigner ces événements historiques ainsi que d'autres liés à des traumatismes collectifs tels que le colonialisme et la traite négrière. Non pour satisfaire un quelconque « politiquement correct », mais parce que les droits sont indivisibles, et qu'admettre qu'ils sont foulés au pied par certains, c'est préparer leur remise en cause pour tous.

---

2. Des propos ou des actes punis par une peine d'un an d'emprisonnement et 45 000 euros d'amende, ou par l'une de ces deux peines.

30 *« Il est bien vu de ne pas aimer la France et de rejeter les idées patriotiques. »*

On se souvient tous de cette affiche de campagne du FN, lors des Européennes de 2009, barrée de cette citation de Jean Jaurès : *« À celui qui n'a plus rien, la patrie est son seul bien »* et affirmant en slogan que *« Jean Jaurès aurait voté Front national »*. Une tentative de récupération de cet éminent homme politique de gauche qui rejetait clairement un nationalisme xénophobe ou « identitaire » brandi par l'extrême droite et défendait, au contraire, la nation comme condition de la souveraineté populaire. Aimer sa patrie, ce n'est pas détester les autres : la patrie n'est pas une réalité exclusive des différentes appartenances qui s'agrègent sur son territoire. Elle les fait siennes au nom de ses valeurs universelles. Il y a ainsi plusieurs façons d'aimer la France, dont celle de porter haut et de défendre ardemment cet universalisme républicain – cet internationalisme, aurait dit Jaurès – qui se base sur une vision de la nation comme une libre construction politique et non comme une communauté ethnique déterminée par essence et à tout jamais. La France n'est pas qu'un territoire sur lequel vit un peuple. La France est une conjugaison de valeurs et d'idées qui sont partagées par d'autres peuples, dans d'autres pays : les fondamentaux démocratiques que sont la fraternité, la liberté et l'égalité des droits.

Sur les droits et les devoirs civiques

31 *« C'est le respect des devoirs qui conditionne les droits des citoyens. »*

Faut-il encore le rappeler : la citoyenneté ne peut s'exercer que si les droits de chacun à l'égalité et à la dignité sont respectés. Les garantir est le premier devoir d'un État. Les lois, qui organisent la vie en société, doivent permettre l'application de ces droits qui fondent la vie d'un citoyen et qui, par exemple, lui assurent la possibilité de subvenir aux besoins des siens ou d'avoir un toit. Derrière ce principe de suppression des droits en cas de non-respect des devoirs, énoncé par l'extrême droite et par une partie de la droite de gouvernement, il y a l'idée d'une distinction entre les personnes qui appelle la mise en place d'un droit spécifique pour certains, avec pour seul objectif de les exclure. Suivant cette logique, une famille qui ne pourrait plus payer la cantine scolaire de ses enfants les verrait exclus de l'établissement à l'heure du repas avant de perdre purement et simplement ses allocations familiales les jours suivants. L'inverse de ce que prône le contrat social qui définit les droits et responsabilités reliant un État et ses citoyens. Le but d'une démocratie est de faire appliquer la loi et de respecter la sûreté de ses citoyens, c'est-à-dire de leur donner la capacité d'exercer leur liberté sans se sentir menacés par l'État.

32 « Donner les mêmes droits à tous conduit à la pagaille. »

C'est l'inégalité ou la privation des droits qui conduit à la frustration et, par conséquent, à la pagaille. Quand l'inégalité conduit au sentiment d'être un citoyen de seconde zone, elle est vécue comme une injustice (voir l'encadré ci-après). Il faut remonter à la Révolution française pour bien saisir ce que cette notion d'égalité des droits signifie : les prémices de la République étaient intrinsèquement liées à celles des droits fondamentaux inhérents à tous et pour tous et non réservés à un seul groupe. Contrairement à ce que voudrait faire croire l'extrême droite, c'est bien l'abolition des privilèges qui a mis fin à la pagaille à laquelle conduisaient les privilèges de sang et l'inégale répartition des richesses qui en découlait, en faisant des Français des citoyens et non plus des sujets. La Révolution française, et avant elle les Lumières, a inspiré d'autres mouvements révolutionnaires, jusqu'à voir inscrites ses valeurs universelles au sein de la Constitution étatsunienne ou dans le marbre des différentes chartes de la communauté internationale. Dans leur élan, ces mouvements se sont mués en une expression sociale qui a débouché sur des conquêtes (droit à l'éducation, droit syndical, droit d'association, droit de grève, sécurité sociale, etc.) qui fondent encore le pacte républicain français. Aujourd'hui comme demain, c'est bien l'affirmation de l'égalité des droits humains et sociaux qui constitue une source de progrès pour l'ensemble d'une société.

Les gens du voyage, des citoyens français de seconde zone

Continuellement stigmatisés par les discours politiques et les discriminations sociales, les gens du voyage sont citoyens français depuis des siècles et vivent le plus souvent en caravanes, ce que reconnaît la loi française comme étant une « tradition[1] ». Malgré leur citoyenneté française, ils relèvent d'un statut administratif particulier. Celui-ci prend la forme d'un titre de circulation que les voyageurs doivent présenter tous les ans en gendarmerie[2], comme les personnes condamnées par la justice à un régime de semi-liberté. À la différence que ces citoyens français n'ont rien à se reprocher. Hérité de la IIIe République et établi par la Constitution, ce titre de circulation vise à permettre *« l'identification et la recherche de ceux qui ne peuvent être trouvés à un domicile »*. Tandis que l'État ne reconnaît pas les caravanes comme un logement, il impose aux gens du voyage une taxe d'habitation différenciée. Résultat, si les voyageurs sont bien soumis à cet impôt, ils ne peuvent, en revanche, prétendre aux dispositifs d'aide au logement, pourtant garantis à chaque citoyen français. Une discrimination qui masque, en fait, une autre réalité. Si, à plusieurs reprises, les services de l'État concernés n'ont jamais donné suite à cette revendication, c'est que, derrière celle-ci, se pose plus largement la question de la pauvreté et des conditions d'accessibilité à un logement décent dans notre pays. Au total, près d'un million et demi de Français vivent actuellement en caravane ou mobil-home, faute de ressources suffisantes pour prétendre à un appartement. On comprend alors pourquoi l'État ne cède pas aux revendications des voyageurs. Leur accorder cette reconnaissance ouvrirait une brèche législative en faveur de toutes les personnes vivant ainsi, et conduirait l'État français à reconnaître qu'en matière de logement, il n'y a pas « seulement » 50 000 citoyens de seconde zone, mais près de deux millions.

---

1. Même si, dans nombre de régions, ces derniers sont majoritairement sédentaires.
2. Avant la décision du 25 septembre 2012, rendue par le Conseil constitutionnel, ils devaient le présenter tous les trois mois.

33 *« Les femmes et les hommes ont par nature des rôles différents dans la société. Si l'on gomme ces vérités, les enfants n'auront plus de repères. »*

L'identité féminine ou masculine repose-t-elle sur les seules données biologiques ? Dire cela enferme les femmes dans un rôle reproductif (lire le point suivant), comme si la différence biologique déterminait des différences sociales. L'émancipation sociale puis économique des femmes fait partie intégrante des conditions essentielles du progrès de la société. Le modèle de l'épouse restant au foyer pendant que le mari part gagner de quoi faire vivre la maisonnée n'a jamais été immuable, malgré ce que voudrait faire croire l'extrême droite. Les « rôles définis » de chacun n'ont jamais cessé d'évoluer. Pour autant, les avancées formidables du siècle dernier en matière de droits de la femme (droit de vote, droit à la contraception, droit de divorcer, droit de disposer librement de son argent, etc.) ne doivent pas être considérées comme un acquis définitif : les obstacles mis à l'effectivité des droits sont nombreux et les risques de régression toujours présents. Le combat, sur ce plan, n'est donc jamais fini et doit donner aux femmes, à égalité avec les hommes, le choix de mener leur existence comme elles l'entendent, notamment grâce à l'accès à la connaissance et à la citoyenneté.

L'égalité hommes-femmes, un principe qui s'apprend à l'école

L'égalité hommes-femmes est établie par la loi française depuis 1989 avec l'article L 121-1 du code de l'éducation. Il y est clairement stipulé que *« les écoles, les collèges, les lycées et les établissements d'enseignement supérieur* [...] *contribuent à favoriser la mixité et l'égalité entre les hommes et les femmes »*. Cette politique d'éducation à l'égalité est l'un des principes fondamentaux de l'Union européenne, qui demande aux États membres de mettre en œuvre des actions de sensibilisation à l'école par le biais d'activités pédagogiques évoquant la lutte contre les stéréotypes sur les femmes et les hommes. *« Voilà ce que les études sur le genre, ou les rapports sociaux de sexe, apportent à l'éducation des filles et des garçons : l'ouverture des possibles, l'égalité des choix et le respect de la personnalité de l'enfant*[3]. » Rien à voir avec ce prétendu enseignement de la « théorie du genre » vilipendé par les réseaux sociaux de l'extrême droite.

34 *« Le rôle des femmes est d'abord de faire des enfants pour assurer l'avenir de la société. »*

Dans le discours de l'extrême droite, ce *« natalisme nationaliste »*, comme l'appelle Claudie Lesselier[4], a pour visée de figer les frontières du pays et de réduire la femme au rôle de ventre et de porte-étendard de l'identité nationale. Un État ne doit pourtant pas imposer de

3. *Cf.* Comité de l'association de recherche sur le genre en éducation et formation, « Qui a peur de l'égalité entre les sexes ? », *in Libération*, 28 janvier 2014.

4. Claudie Lesselier, Fiammetta Venner, *L'Extrême Droite et les femmes. Enjeux et actualités*, Villeurbanne, Éditions Golias, 1997.

modèle familial, mais tout faire, au contraire, pour permettre à ses citoyennes de devenir mères si elles le désirent, tout en continuant à travailler. En France, ce modèle existe, c'est celui de la politique familiale. Mis en place au sortir de la Seconde Guerre mondiale, il est l'un des plus performants au monde, faisant de la France, derrière l'Irlande, le deuxième pays européen en termes de naissances avec un taux de natalité de 1,9 enfant par femme (lire l'encadré ci-après). Il s'appuie sur un maillage du territoire par des structures publiques comme les crèches et les centres médicaux qui accueillent la Protection maternelle et infantile (PMI). Une mise en place géographique et publique qui permet à cette politique familiale de répondre aux principes fondateurs de la sécurité sociale : universalité, liberté de choix et pérennité. Cohérente et égalitaire, la politique familiale de la France permet aux familles de bénéficier d'allocations et de mesures fiscales visant à compenser les dépenses liées à la venue d'un enfant. Sans oublier ces mesures de conciliation entre la vie familiale et la vie professionnelle ainsi que ces aides à la fonction parentale qui font tant rêver ailleurs en Europe [5]. Ce modèle unique au monde permet d'expliquer pourquoi, depuis près de soixante-dix ans et malgré les crises économiques ou les alternances politiques, les Françaises n'ont pas à choisir entre devenir mère et travailler.

---

5. Selon un rapport de l'Organisation de coopération et de développement économique, publié en avril 2012, la France a consacré 3,8 % de son PIB à cette politique familiale alors que ce taux atteint en moyenne 2,4 % chez les 33 autres pays membres de l'OCDE.

Pourquoi les Allemands ne font plus d'enfants

En 2013, on apprenait que 67 % des Allemands – femmes et hommes confondus – ne veulent pas d'enfants. Non pas qu'ils n'en ont pas envie, mais la plupart d'entre eux n'en ont tout simplement pas les moyens. En Allemagne, le taux de natalité n'a cessé de chuter jusqu'à atteindre 1,36 enfant par femme. Outre-Rhin, faire des enfants coûte trop cher et oblige les Allemandes à choisir entre devenir mère ou continuer à travailler. Malgré la récente mise en place d'une allocation mensuelle de 100 euros pour favoriser la garde des enfants de moins de trois ans, tout le reste doit être pris en charge par les parents. Les garderies payantes remplacent le système des écoles maternelles qui n'existent pas en Allemagne. Or, d'après une enquête réalisée en août 2013 par le quotidien *Frankfurter Allgemeine Zeitung*, 45 heures de garde dans l'un de ces jardins d'enfants coûteraient entre 198 et 397 euros. Alors qu'en France, en plus des écoles maternelles, de la mise en place de crèches publiques, privées et même de systèmes de garde en entreprise, l'État verse des allocations familiales à hauteur de 130 euros par mois pour deux enfants. Une somme qui va jusqu'à 460 euros pour quatre enfants, auxquels s'ajoutent 165 euros par enfant supplémentaire. Et ce, jusqu'à leurs vingt ans.

35 *« Parce qu'il est remboursé, autorisé et facile, l'avortement est utilisé aujourd'hui comme un contraceptif. »*

Pour 810 000 naissances, on estime à 220 000 le nombre d'avortements pratiqués en France. Depuis 2006, cette proportion reste stable alors même que les deux tiers des femmes qui ont subi une IVG déclarent avoir utilisé des moyens contraceptifs. L'avortement n'est jamais anodin. C'est un acte que les femmes choisissent rarement par confort et encore moins par plaisir. Cette opération peut marquer psychologiquement certaines d'entre elles et en empêcher d'autres de vivre une future grossesse. L'avortement est donc tout sauf un *« acte de confort »* qu'il faudrait *« dérembourser »*, comme le propose Marine Le Pen. Le problème est plutôt que les crédits attribués aux plannings familiaux ne cessent de diminuer, provoquant la fermeture de ces centres d'accompagnement des femmes, tandis que l'école ne prend pas toujours suffisamment le relais en matière d'éducation sexuelle et d'information sur la contraception. Ce qu'il faut bien mesurer, c'est que l'interruption volontaire de grossesse est avant tout une question de santé publique : en effet, une femme qui veut avorter le fera, dans n'importe quelles conditions, quitte à mettre sa santé ou sa vie en danger, et quoi qu'en dise la loi. Ainsi, dans les pays où l'IVG est pénalisée, les femmes avortent autant que dans les pays où elle est légale. Interdire l'interruption volontaire de grossesse n'a donc jamais fait baisser le taux d'avortements. En revanche, cela fait augmenter de manière dramatique le nombre de décès suite à un avortement clandestin. Dans les pays où l'IVG est illégale, le taux de mortalité est, en moyenne, de 330 femmes pour 100 000 avortements. Dans un pays comme la France, il oscille entre 0,2 et 1,2 pour 100 000.

Sur l'insécurité

36 *« Il y a de plus en plus d'insécurité en France. »*

Au regard des chiffres de 2013 publiés par l'Observatoire national de la délinquance et des réponses pénales (ONDRP), on constate que les vols de voitures ont diminué de 3 %, que pour la quatrième année consécutive, les vols avec violence reculent de 0,3 % en zones urbaines et de 6 % en zones rurales, et que les violences physiques et sexuelles marquent un repli respectif de 1,5 % et de 1,1 %. En revanche, le taux de cambriolages, lui, augmente de 6,4 % en ville et de 4,7 % en campagne, quand celui des vols à la tire bondit de 11 %. Si les violences aux personnes diminuent, c'est bien cette hausse des attaques aux biens qui fait que 53 % des Français citent, aujourd'hui, la délinquance parmi les trois problèmes *« les plus préoccupants »* de la société. Or, sans nier ces faits et en soulignant qu'étrangement, les statistiques de l'ONDRP ne prennent jamais en compte dans leurs calculs la délinquance liée à la corruption, à la fraude fiscale, aux atteintes au droit du travail ou à l'environnement et à la santé publique, il est important de noter que le sentiment d'insécurité est en réalité un sentiment de vulnérabilité et de fragilité qui, la plupart du temps, n'est pas lié à l'expérience réelle de la violence, mais à des éléments comme l'âge, le fait de vivre seul et/ou en forte situation de précarité socio-économique, ou encore le fait d'habiter dans un environnement à l'abandon ou dégradé. Pour Laurent Mucchielli[1], ce sentiment d'insécurité recouvre nombre d'autres questions que celle de la seule violence aux biens et aux personnes. Le chercheur pointe notamment ces perceptions que les Français ont de leur époque et de la société dans laquelle ils vivent. Ainsi, il n'est pas rare que l'évolution des modes de vie liée aux transformations qui touchent les territoires ruraux ou périurbains fasse naître un sentiment d'insécurité. C'est le cas par exemple dans les communes qui voient leur surface s'agrandir sans qu'aucune politique spécifique d'accompagnement de ces transformations n'ait été envisagée pour préserver le lien social existant. Quant aux réels problèmes d'insécurité, il faudrait, pour y répondre, impulser une autre conception de la sécurité, qui favoriserait notamment la police de proximité, remplacerait les systèmes de vidéosurveillance par une présence policière et judiciaire dans des quartiers délibérément stigmatisés et abandonnés, et qui combinerait la présence de services publics de proximité capables de renforcer le lien entre les personnes avec des actions d'éducation, de prévention et de répression se complétant au lieu de s'opposer.

1. Laurent Mucchielli, *Violences et insécurité. Fantasmes et réalités dans le débat français*, Paris, La Découverte, coll. « Sur le vif », 2001.

TROISIÈME PARTIE

« LA FRANCE AUX FRANÇAIS. » IDÉES REÇUES SUR L'HISTOIRE DE FRANCE ET LES QUESTIONS D'IDENTITÉS, DE CULTURES ET DE RELIGIONS

Sur l'histoire de France

37 *« L'identité française n'a jamais été aussi menacée. »*

Une identité est par définition multiple. Ni un individu, ni un peuple, ni un pays ne peut se définir par un élément simple, figé dans le temps et immuable. Ainsi un individu peut-il se définir par son origine, par son métier ou son activité professionnelle, par son orientation sexuelle, par sa nationalité ou ses nationalités, par ses loisirs préférés... et par tout cela à la fois. Il en va évidemment de même d'un peuple, construit par l'histoire, enrichi de ses immigrations successives, de ses combats, des valeurs qu'il a su défendre et qu'il fait siennes, de ses débats et de sa capacité à les faire vivre démocratiquement. L'idée d'une identité stable et immuable repose sur un fantasme. Reconnaître cela n'empêche pas d'affirmer l'existence d'une nation française fondée à travers l'histoire sur une communauté de valeurs et de droits auxquels acceptent d'adhérer ceux qui en sont membres. La devise républicaine, « Liberté, égalité, fraternité », incarne ces valeurs. Aux antipodes de cette conception ouverte de la nation, l'idéologie de l'extrême droite est fondée sur le droit du sang au détriment du droit du sol : ne peut être français que celui ou celle qui naît de père et de mère français. Ce principe, une fois de plus, met en avant le tout-biologique (lire aussi le point 33). Pourtant, il ne résiste pas aux faits : un Français sur trois a des origines étrangères. Ainsi, parler de « menace » à l'encontre de l'identité française, c'est faire de la qualité de Français « historique » une valeur absolue, en opposition à celle de citoyen français, une valeur supposée relative puisque désignée par une simple catégorie juridique, et donc artificiellement créée[1]. C'est en se fondant sur cette idée qu'il a semblé « naturel » aux services du régime de Vichy et aux forces de l'ordre de retirer la nationalité française à des « étrangers naturalisés » et d'exécuter sans broncher des lois discriminantes et des ordres criminels, comme ceux ayant entraîné la rafle du Vélodrome d'Hiver. Parler de « menace » à l'encontre de l'identité française, c'est donc nier la réalité de la France qui s'est construite comme terre d'accueil, mais plus encore comme terre d'hospitalité. Celle-là même qui devrait conduire notre pays à développer l'humanisme qui est le meilleur de sa tradition.

38 *« Les dirigeants de chaque pays sont maîtres chez eux. C'est à eux de s'occuper de leur peuple, pas à la communauté internationale. »*

Approuver cette affirmation signifierait qu'on ne se préoccupe pas du caractère démocratique ou non des régimes politiques. Peu importe que les libertés soient respectées pourvu que l'ordre règne, telle est la convic-

1. *Cf.* Zeev Sternhell, « Anti-Lumières de tous les pays... », *in Le Monde diplomatique*, décembre 2010.

tion de l'extrême droite. Les dégâts engendrés par ces régimes sont connus : corruption massive, enfermement et parfois élimination des opposants, libertés bâillonnées, médias contrôlés. C'est précisément ce que beaucoup de citoyens de nombreux pays acceptent de moins en moins : des chefs qui se croient tout permis et s'enrichissent parce qu'ils ont conquis, souvent en utilisant massivement la fraude, le pouvoir par les urnes. Quel doit être dans ce cas le rôle de la communauté internationale ? Il ne s'agit pas, même en invoquant des atteintes bien réelles aux droits de l'homme, qu'un pays décide d'intervenir dans un autre sans mandat explicite des Nations unies, comme ce fut le cas pour l'invasion de l'Irak par une coalition dirigée par les États-Unis en 2003. Ces méthodes bafouent les droits que se sont donnés ensemble les États. Mais il ne faut pas non plus rester passif. D'abord, les réseaux sociaux présents sur Internet (car la communauté internationale, ce sont aussi les opinions publiques) pèsent de plus en plus pour briser le silence sur la situation des citoyens des régimes dictatoriaux ou autoritaires. Ensuite, en cas de menace grave sur la population du pays concerné ou sur celles de ses voisins, il est du devoir de l'Organisation des Nations unies de ne pas laisser faire et de donner explicitement mandat à des pays d'intervenir, y compris par la force, pour protéger ces populations, et éviter des massacres. Les objectifs de ces mandats doivent être clairs : défendre les populations et leurs droits et aider les citoyens des pays concernés à construire un État de droit. C'est ainsi que la démocratie peut progresser dans le monde.

« L'idée de solidarité humaine à l'échelle mondiale peut changer le monde »

« La solidarité, ce n'est pas que la compassion. Elle est un sentiment d'unité et de responsabilité commune. Nous devons en faire la base de l'ordre mondial contemporain. Elle doit réunir la communauté internationale pour l'amener à réaliser sa supériorité sur les intérêts nationaux, en appelant à s'opposer à la vision de conflit. »
Lech Walesa, cofondateur du mouvement ouvrier polonais Solidarité, prix Nobel de la paix en 1983. Discours prononcé le 10 novembre 2005 lors de la cérémonie de lancement de la première Journée internationale de la solidarité humaine.

39 *« La colonisation française n'était pas un système injuste, elle a produit de grandes choses. »*

Coloniser, c'est prendre le territoire d'un autre pour s'y installer et le dominer en l'exploitant. Pourtant, avec l'article 4 de la loi du 23 février 2005, le gouvernement Villepin a voulu que soient reconnus les aspects *« positifs »* de la colonisation dans les manuels scolaires. Une proposition qui a provoqué un tollé tel que l'exécutif a dû modifier la loi un an plus tard, reconnaissant de fait que la colonisation n'est rien d'autre que la négation de toute valeur d'humanité et de progrès. Ses fondements politiques, juridiques, administratifs et économiques instaurent un rapport de force qui s'appuie sur une logique d'asservissement et qui induit que certains peuples seraient culturellement supérieurs à d'autres. C'est drapée de ce mythe civilisateur que la France a mis en place un système de domination dans ses colonies. Pendant des décennies, l'inégalité s'y est exercée dans tous les domaines : en matière d'état civil et de citoyenneté, de justice, d'accès à l'enseignement et à la fonction publique. Jusqu'à, par exemple, subordonner le statut des Algériens à celui des Français. Privés de la citoyenneté et dotés de droits civiques réduits, ces derniers, aussi appelés « indigènes » par la puissance coloniale, étaient en possession d'une nationalité vide de tout sens, assortie de la mention « Français musulman », cela pour imprimer aux yeux de tous leur supposée infériorité. *« Rappelons ici, parmi mille exemples, cette décision de la cour d'Alger prise en 1865 : "Tout en n'étant pas citoyen, l'indigène est Français." C'est la doctrine dite de la nationalité sans la citoyenneté, c'est-à-dire sans aucun des droits conférés au citoyen français*[2]. » Car, contrairement à ce qu'affirme l'extrême droite, l'édification de ces fameuses routes, de ces hôpitaux et de ces écoles n'avait pas pour but de désenclaver et de développer le pays, mais bien de valoriser les intérêts des colons venus exploiter les ressources humaines et naturelles de ces pays au seul profit de la métropole. Ces « bienfaits » ne contribuant en réalité qu'à empêcher le développement de l'Algérie par la confiscation des ressources et par la formation d'une élite triée sur le volet, véritable rempart à l'autodétermination de tout un peuple.

---

2. Karim Amellal, maître de conférences à Sciences Po Paris.

40 *« Les membres de l'OAS[3] ont été des combattants courageux. »*

Ces « héros » dont parle l'extrême droite sont en fait des terroristes, poseurs de bombe, au nom de l'Algérie française et de la colonisation dans son ensemble. Contrairement à ce qu'elle affirme, ces hommes n'avaient rien de résistants. Se battant au nom de l'impérialisme français, ils n'étaient pas en position d'occupés mais bien d'occupants. Ils ne se sont pas battus pour la France, mais au nom d'une idéologie raciste postulant la supériorité des Français « européens » sur les « indigènes », en instaurant une terreur de masse et en commettant des meurtres ciblés, et aussi en voulant attenter à la vie du président de la République, le général de Gaulle. Dans leurs rangs, on trouvait des membres de l'extrême droite, des Européens parmi les plus ultras, des militants en rupture, des pieds-noirs se sentant trahis par de Gaulle et même des patriotes se disant inspirés par la Résistance. Aussi brève que sanglante, cette dernière guerre civile que connut la France sur son territoire provoqua 13 000 attentats en Algérie et en France, tuant 2 200 personnes – Français et Algériens – dont 71 dans la métropole. Une guérilla terroriste au terme de laquelle 10 000 membres de l'OAS seront arrêtés, 3 682 condamnés à de lourdes peines de prison, et quatre fusillés pour avoir participé à l'attentat du Petit-Clamart contre le général de Gaulle.

---

3. L'Organisation de l'armée secrète, apparue au printemps 1961 et dissoute en juillet 1962, était une organisation clandestine créée pour tenter d'empêcher l'accès de l'Algérie à l'indépendance.

Sur les identités

41 « À force de promouvoir le mondialisme, les gens ne savent plus d'où ils sont. »

On l'a vu avec le point 37, figer une identité n'a pas de sens. La question posée ici est bien celle de cette assignation obligatoire dans laquelle l'extrême droite aimerait pouvoir emprisonner chaque Français. *« Aujourd'hui, les humains sont porteurs d'histoires tellement différentes,* explique le chercheur Jacques Audinet[1], *qu'une même personne peut se retrouver héritière de traditions qui, jadis, étaient opposées, voire ennemies. »* Il est indispensable de s'intéresser à ses origines, pour comprendre d'où l'on vient et pouvoir avancer. Or, nous sommes construits par de multiples facteurs ; nos liens familiaux, amicaux, de travail, nos goûts culturels, nos références philosophiques ou religieuses, nos voyages, etc., sont la preuve que nous ne nous réduisons pas à notre couleur de peau, à notre religion, à notre métier ou à nos parents. Et savoir d'où l'on vient permet précisément de s'émanciper et d'échapper à son destin, grâce à l'ouverture à l'autre. Cette émancipation ouvre la voie à une reconnaissance

---

1. Professeur émérite à l'université de Metz et à l'Institut catholique de Paris, Jacques Audinet est notamment l'auteur du *Visage de la mondialisation. Du multiculturalisme au métissage*, Ivry-sur-Seine, Les Éditions de l'Atelier, 2007.

de la diversité humaine et suscite un renouvellement des catégories de pensée, à l'exact opposé de ce piège identitaire tendu par l'extrême droite. C'est en ce sens que la mondialisation n'est pas le mondialisme [2]. Sans en réduire la définition à un grand marché planétaire où seule régnerait la loi de la rentabilisation financière maximale, la mondialisation est l'occasion d'un formidable partage des connaissances et des cultures.

42 *« Le mélange ethnique fait disparaître l'identité française. »*

Derrière cette notion de « mélange ethnique » se cache une idée de pureté qui n'est qu'un fantasme. Jamais une identité n'a été fondée sur le sang et encore moins sur la couleur de peau. Il est donc temps de tordre le cou à cette idée de pureté définie par Arthur de Gobineau. Pour ce diplomate français du XIXe siècle, le « mélange ethnique » a un « effet de décadence » entraînant forcément la « chute des civilisations [3] ». Cette affirmation est en effet constamment démentie par les faits. En voici quelques exemples : les échecs ont été promus par des Arabes (*« al cheikh mat »* veut dire « le roi est mort »), le poivre provient d'Asie, le jazz

---

2. Le mondialisme est cette idée entretenue par l'extrême droite française d'un complot à l'échelle mondiale, dont le projet serait d'instituer un seul État qui gouvernerait l'ensemble des peuples. Instigué hier par les juifs, le mondialisme le serait aujourd'hui par les musulmans.
3. Arthur de Gobineau, *Essai sur l'inégalité des races humaines*, Paris, Didot, 1855.

des Noirs Américains, Marie Curie qui a découvert la radioactivité était polonaise avant de devenir française, la grande chanteuse et danseuse noire Joséphine Baker, devenue française en 1937, est née aux États-Unis, Missak Manouchian, résistant au nazisme et mort pour la France, était arménien. Plus près de nous, Georges Charpak, prix Nobel de physique en 1992, est né en Pologne. Zinedine Zidane, vainqueur de la coupe du monde de football en 1998 avec la France, a des parents algériens. On pourrait continuer longtemps une énumération qui montre que la France s'est construite et continue de se construire avec des apports provenant de multiples cultures et de multiples pays. C'est ce mélange, et non la préservation d'une prétendue pureté identitaire, qui fait sa richesse.

43 *« Si nous n'arrêtons pas le flot de l'immigration, dans dix ans les Blancs seront minoritaires en France. »*

Totalement infondée et réfutée par la réalité des chiffres sur les vingt dernières années (lire le point 2), cette théorie du « grand remplacement » est un très mauvais scénario de science-fiction, dont le seul but est de réveiller des pulsions xénophobes exacerbées par l'extrême droite en période de crise. Frontières ou pas, ce flot d'immigration n'est qu'imaginaire. Derrière cela, c'est bien de la peur de la présence de l'autre et de la peur du métissage qu'il s'agit (lire les points 41 et 42).

44 *« Il existe un racisme anti-Blancs de grande ampleur dont on entend très peu parler. »*

C'est l'un des coups favoris de l'extrême droite : induire qu'il y aurait un « racisme à l'envers ». Rien de plus faux. La loi contre le racisme s'applique à tous sans aucune distinction[4]. Ce que la loi ne mesure pas, en revanche, c'est le sentiment de racisme ressenti par les uns et par les autres. Dans son enquête « Trajectoires et origines[5] », l'Institut national des études démographiques (Ined) a démontré que 16 % de la « population majoritaire » dit avoir fait *« l'expérience au moins une fois dans sa vie "d'insultes, propos ou comportements racistes" »*. Des statistiques bien éloignées des 50 % de personnes originaires d'Afrique noire qui se disent victimes de racisme au quotidien. Un chiffre qui grimpe même jusqu'à 60 % chez leurs enfants[6]. Quand les immigrés et leurs enfants citent *« tous les espaces de vie »* (travail, école, etc.), la « population majoritaire » n'en fait état que dans *« l'espace public »* (essentiellement la rue). Ces ressentis varient fortement en fonction du lieu de résidence[7] et des

---

4. Un principe indiscutable qui a vu, le 21 janvier 2014, la cour d'appel de Paris condamner pour la première fois deux personnes convaincues de racisme anti-Blancs. Autre première, la Ligue internationale contre le racisme et l'antisémitisme (Licra) s'est portée partie civile dans cette affaire de violence physique grave suivie d'insultes.
5. Publiée au milieu de l'année 2013, cette enquête a été dirigée par les chercheurs Christelle Hamel, Jean-Luc Primon et Maud Lesné.
6. Un ressenti également très fort pour les personnes originaires d'Asie du Sud-Est (35 % et 53 %) ou de Turquie (25 % et 43 %).
7. 25 % des habitants des quartiers populaires, supposés plus en contact avec un voisinage issu de l'immigration, disent avoir *« été*

endroits où ces comportements se manifestent. Et le plus souvent, ce sont des injures qui n'entraînent pas de discriminations dans l'accès au logement, au travail ou à tout autre service public dont sont réellement victimes les parents immigrés et leurs enfants nés en France. Pour les chercheurs de l'Ined, il n'y a donc pas d'équivalence entre des attitudes agressives et insultes racistes anti-Blancs et ce que subissent les « minorités visibles ».

Le racisme, des paroles aux actes

Fin 2012, dans un sondage réalisé par l'Institut CSA sur un échantillon de 1 029 personnes, 55 % des personnes interrogées estimaient que *« les musulmans forment un groupe à part dans la société »* (+ 4 points par rapport à 2011) et 69 % déclaraient qu'il *« y a trop d'immigrés aujourd'hui en France »* (+ 10 points par rapport à 2011). Des déclarations qui ne sont pas déconnectées des actes racistes. Ainsi, pour l'année 2012, le rapport « Racisme, antisémitisme et xénophobie en France » de la Commission nationale consultative des droits de l'homme (CNCDH) révèle que 1 539 actes et menaces racistes ont été dénombrés par les services de police et de gendarmerie, soit 23 % de plus qu'en 2011. Et, selon trois chercheurs, auteurs d'une étude publiée avec le rapport[8], *« quasiment tous les indicateurs de racisme et de xénophobie* [sont] *en hausse, dans toutes les catégories de la population, et les musulmans* [sont] *la minorité la plus stigmatisée ».*

---

victimes de racisme », alors que ce chiffre tombe à 14 % pour les personnes ne vivant pas dans ces quartiers.

8. Nonna Mayer, Guy Michelat et Vincent Tiberj, « Montée de l'intolérance et polarisation anti-islam », Cevipof, mars 2013.

45 *« Il y a trop de Noirs en équipe de France. »*

Dire cela est faux et surtout ridicule. Simplement parce que, à l'image du pays, l'équipe de France de football a toujours été le creuset des flux migratoires. *« Il y a toujours eu, à chaque génération, trop de "quelque chose" : trop de Hongrois, trop de Polonais, trop de Maghrébins, trop d'Italiens... Il y a même eu trop de Belges à une époque »*, rappelle l'historien Pascal Blanchard[9]. Une liste allongée depuis par les réactions d'un Alain Finkielkraut, en 2005, parlant d'une équipe *« black black black »* ou d'un Georges Frêche[10], en 2006, affirmant que *« s'il y a autant de Noirs, c'est parce que les Blancs sont nuls »*. Paradoxalement, la France a été précurseur en matière d'intégration de footballeurs de couleur[11]. Réaffirmant, s'il en était encore besoin, que l'important dans le sport, ce n'est pas la couleur de peau mais la volonté de faire vivre un collectif. Sans oublier que tous les bleus, Blancs et Noirs, sont français.

---

9. Spécialiste de la question coloniale, Pascal Blanchard a coécrit le documentaire « Des Noirs en couleur », sorti en DVD au mois de mai 2009, chez Universal.

10. Décédé en 2010, Georges Frêche était le président socialiste du conseil général du Languedoc-Roussillon.

11. C'était en 1931, quand le Guyanais Raoul Diagne fut le premier Noir appelé en équipe nationale.

46 « Avec Marine Le Pen, le FN n'est plus raciste, il est devenu républicain. »

Même si depuis qu'elle est la présidente du Front national, Marine Le Pen a exclu à dose homéopathique des militants qui exprimaient ouvertement des thèses racistes, elle n'a jamais désavoué les propos racistes et antisémites de son père. Toujours président d'honneur du FN, Jean-Marie Le Pen a été condamné à dix-huit reprises pour apologie de crimes de guerre, antisémitisme, provocation à la haine raciale, discrimination et violence raciale, pour trouble manifestement illicite à l'ordre public, pour diffamation et banalisation de crimes contre l'humanité... Une triste énumération judiciaire qui ne s'est pas arrêtée avec la supposée « dédiabolisation » du Front par Marine Le Pen. Bien au contraire. La dernière condamnation par la justice du vieux leader d'extrême droite remonte au 19 décembre 2013, lorsque le tribunal correctionnel de Paris l'a condamné, en première instance, à 5 000 euros d'amende pour « injure à caractère racial » suite à des propos tenus sur les Roms. Quant à Marine Le Pen, si elle n'a encore jamais fait l'objet de condamnation, son immunité d'eurodéputée a été levée par le Parlement européen, le 2 juillet 2013, suite à une demande de la justice française. Celle-ci s'intéresse toujours aux propos tenus par la présidente du FN en 2010 envers la communauté musulmane de France. À deux reprises, en effet, Marine Le Pen a assimilé les prières de rue à une *« occupation étrangère »*, en affirmant publiquement : *« Très clairement, comme en 1940, certains croient se comporter dans la France de*

2010 comme une armée d'occupation dans un pays conquis [...]. *Certes, il n'y a pas de blindés, il n'y a pas de soldats, mais elle pèse sur les habitants.* » (Lire aussi le point 51.) On le voit, à la différence de son père, ici, point d'accusations *ad nominem*. Pourtant, si cette stratégie de « dédiabolisation » vise à changer l'emballage du discours, le fond reste bien le même. Aujourd'hui avec Marine Le Pen, comme hier avec Jean-Marie Le Pen, le programme du FN repose toujours sur cette logique d'exclusion de l'étranger et de l'immigré comme solution à la crise qui frappe les Français[12], et sur l'instrumentalisation d'un islam forcément coupable, cela pour ratisser large et espérer rallier les suffrages des électorats les plus divers. Cette obsession antimusulmane est telle que la présidente du Front national avait osé demander des *« explications »* aux otages d'Arlit qui étaient apparus barbus et la tête couverte d'un chèche au moment de leur libération du Niger, en octobre 2013.

47 *« Le Front national n'est pas antisémite. »*

De même qu'elle n'a jamais démenti les propos de son père affirmant, en 1987, que les *« chambres à gaz sont un point de détail de l'histoire »*, Marine Le Pen n'a pas non plus condamné ceux, récents, de Dieudonné regrettant la disparition des chambres à gaz en s'attaquant

12. Ainsi, la « préférence nationale » de Jean-Marie Le Pen est devenue « priorité nationale » dans la bouche de sa fille. Une proposition discriminatoire qui vise à réserver les emplois ou les prestations sociales aux Français et à en restreindre l'accès aux étrangers.

directement, dans un de ses spectacles, au journaliste de France Inter Patrick Cohen. En 2008, la présidente du FN ne s'est pas plus élevée contre le fait que Dieudonné ait pu remettre, cette même année, le « prix de l'insolence » à Robert Faurisson, un homme qui n'a cessé de nier l'existence des chambres à gaz. Avec Marine Le Pen, le Front national est le seul parti à n'avoir jamais condamné ces propos ou ces actes antisémites.

48 *« Le FN est le seul parti qui s'oppose au communautarisme. »*

La propagande de l'extrême droite vise à confondre les notions de communauté et de communautarisme. Une communauté regroupe des hommes et des femmes qui ont en commun un ensemble de valeurs, des activités, une religion, une philosophie, sans que celles-ci ne contredisent ou n'enfreignent les lois de la République. Le communautarisme vise au contraire à faire en sorte que la loi de la communauté supplante la loi commune. C'est ce qui rend le communautarisme illégitime.

Par sa rhétorique nationaliste et son discours stigmatisant, au contraire, le FN pousse au communautarisme. Il transforme les communautés en zones de repli, alors que ces dernières jouent un rôle normal de représentation et d'espace de débat, comme le font tous les corps intermédiaires. Ainsi, la plupart des travaux [13] sur

13. *Cf.* « Les relations intercommunautaires et interethniques en Europe », rapport final relatif au projet sur les relations intercommunautaires mené par le Conseil de l'Europe, septembre 1991.

les migrations démontrent que les étrangers qui arrivent dans un nouveau pays vivent des formes diverses de regroupement tout en prenant leur place dans leur société d'adoption. La communauté leur sert donc de milieu protecteur et régulateur, ce qui ne les empêche pas de faire leurs les codes et les règles de leur nouveau pays. La communauté n'est donc pas incompatible avec la citoyenneté républicaine. Au contraire, elle est un élément de cette interculturalité qui favorise les relations entre les citoyens sans faire abstraction de leur diversité.

Sur les cultures et les religions

49 « Les étrangers blancs et chrétiens qui sont venus en France se sont intégrés parce qu'ils avaient la même culture et la même religion que les Français de souche. Aujourd'hui, ce n'est pas le cas avec les musulmans qui débarquent en France. »

L'extrême droite transforme toute réalité communautaire en un péril communautariste (lire le point 48). Le communautariste, c'est toujours l'autre, et en particulier l'étranger. Comme le rappelle l'historien Gérard Noiriel, à partir du moment où la distinction entre nationaux et étrangers a été établie au XIXe siècle, les différentes vagues de migrants ont régulièrement été perçues de l'intérieur comme des ennemis. Or, quoi qu'en dise l'extrême droite, ce qui est vrai aujourd'hui dans son idéologie vis-à-vis de l'immigration maghrébine ou africaine l'était déjà par le passé avec les populations blanches et chrétiennes, elles aussi venues de l'étranger. De cela, l'épisode du 17 août 1893, qui s'est déroulé dans les salines d'Aigues-Mortes, est révélateur. C'était l'époque où le ramassage du sel se faisait à coups de pioches et à dos d'hommes. Face aux natifs d'Aigues-Mortes qui rechignent à la tâche, la Compagnie des salins du Midi mise sur des ouvriers italiens durs au mal. La même mise en concurrence ouvrière sur fond de misère sociale qui cristallise aujourd'hui le débat politique. D'autant qu'en cette fin du XIXe siècle, l'exaltation de la fierté nationale est, là aussi, poussée à son paroxysme par la presse et les hommes politiques. Les esprits s'échauffent, la rumeur évoque des meurtres de « trimards » français par des travailleurs italiens. Résultat, huit Italiens y perdent la vie, des dizaines d'autres sont grièvement blessés et tous les coupables se voient relaxés par le tribunal, malgré les preuves flagrantes de leur participation à ces meurtres xénophobes. Un pogrom social effacé de la mémoire collective française[1] et instrumentalisé par une presse nationaliste qui, de la même façon, au sortir de la Seconde Guerre mondiale, n'hésitera pas à écrire que les Polonais sont inassimilables du fait de leur catholicisme jugé intégriste. Ce petit détour historique montre que, malgré ce discours de l'extrême droite qui voudrait que les vagues migratoires espagnole, italienne ou polonaise se soient naturellement bien passées du fait de la couleur de peau et de la religion, pour elle, hier comme aujourd'hui, l'inassimilable est et restera toujours le dernier arrivé.

50 *« Les racines de la France sont chrétiennes. L'islam veut les faire oublier aux Français. »*

Le christianisme est l'une des composantes de l'identité française, ce n'est pas la seule. Ce qui fonde les valeurs universelles de la France est tout autant lié à la

1. Gérard Noiriel, *Le Massacre des Italiens, Aigues-Mortes, 17 août 1893*, Paris, Fayard, coll. « Les Journées qui ont fait la France », 2010.

pensée des Lumières qu'à la religion chrétienne. Cette manipulation qui vise à exclure les musulmans de l'histoire nationale – après en avoir exclu les juifs – et par là même à minimiser l'héritage des Lumières dans la construction de la France ne tient pas au regard des faits historiques. Si la pensée française s'est structurée, et ce dès le XIIe siècle, c'est notamment grâce à la transmission de l'héritage démocratique grec par le biais de textes de la civilisation arabo-musulmane eux-mêmes traduits par des intellectuels juifs. Si la France a tenu et tient encore son rang parmi les pays au monde les plus développés socialement et économiquement, elle le doit en partie à l'alliance franco-ottomane établie en 1536 par le roi chrétien François Ier et le souverain turc Soliman le Législateur. Mentionnée comme la *« première alliance diplomatique non idéologique de ce genre entre un empire chrétien et un empire non chrétien*[2] », elle durera plus de deux siècles et demi, jusqu'à la campagne d'Égypte menée par les troupes napoléoniennes, de 1798 à 1801. Ainsi, bien avant les migrations récentes en provenance d'Afrique du Nord ou d'Afrique noire, les parcours de la chrétienté et de l'islam sont intrinsèquement liés. S'il est donc absurde de prétendre que l'islam voudrait faire oublier aux Français les racines chrétiennes de leur pays, il semble en revanche primordial d'avoir conscience de cet héritage multiple. Mais, quand bien même il n'y aurait pas eu cet épisode de l'histoire, cela signifierait-il que les musulmans et les autres croyants n'auraient pas leur place dans la société fran-

---

2. Jean Béranger, *L'Histoire de l'empire des Habsbourg, 1273-1918*, Paris, Fayard, 1990.

çaise ? Au contraire, et au risque de se répéter, dans une république laïque comme l'est actuellement la France, la religion n'est pas un critère discriminant pour obtenir la nationalité française.

51 *« En France, les lois sur la laïcité considèrent que la religion est une affaire privée. La loi doit donc empêcher toute expression publique de toute religion, et notamment de l'islam. »*

Affirmer cela, c'est détourner le principe même de la laïcité. Cette dernière est tout sauf un pilier identitaire. Face à ce procédé de détournement et de rétrécissement de la laïcité qui voudrait que les religions – et en particulier l'islam – portent atteinte au vivre-ensemble, il convient de préciser qu'il s'agit, au contraire, d'un principe politique émancipateur fondé sur la liberté de conscience de chacun (lire l'encadré ci-après). La laïcité vise à l'exercice du pouvoir par le peuple, et ce à l'abri de toute tutelle politique ou religieuse[3] et de toute confiscation idéologique. Elle doit garantir le droit des femmes et des hommes, quelles que soient leurs situations, leurs convictions, leur religion s'ils en ont une, à conduire leur existence

3. La vision absolutiste d'avant 1789 conjugue l'uniformité religieuse et l'instrumentalisation de la religion par le politique et du politique par la religion. L'Église est l'alliée de la monarchie, qui reconnaît le catholicisme comme seule et unique religion. L'Église estime avoir vocation à prendre en charge la vie sociale.

comme ils l'entendent. Non, la laïcité ne signifie pas l'éradication des religions ni la relégation de leurs expressions dans un espace soi-disant privé. Dire cela reviendrait à affirmer que tout serait permis derrière les portes de son appartement. Une notion du « privé » qui renvoie en fait à celle de « domestique » et qui a largement été combattue par les féministes dès les années 1970. De « privées » à « domestiques », ces sphères seraient alors considérées comme des zones de liberté absolue et donc de non-droit. Des *« angles morts de la société »*, selon Pierre Dharéville[4], qui deviendraient les ferments de toutes les violences et de tous les fanatismes. L'inverse même des lois de la République qui font de la protection de l'individu la première condition de l'élaboration de l'intérêt général. La République n'a donc rien de bon à attendre d'une foi imposée en privé et refoulée en public. C'est même le meilleur moyen de favoriser l'irruption de mouvements aux revendications communautaristes fortes et de voir ces dernières instrumentalisées et portées dans l'espace public. C'est pour cela que la laïcité garantit la liberté de culte – dans le respect de l'ordre public – tout en réaffirmant la liberté de conscience de chacun, ne plaçant aucune opinion au-dessus des autres, construisant ainsi l'égalité républicaine. Cette même égalité qui stipule, pour les religions autant que pour les partis politiques ou les structures syndicales et associatives, que chacun a droit à l'expression publique dès lors que celle-ci n'empiète pas sur les autres libertés des citoyens et n'impose pas ses vues à l'ensemble de la société.

---

4. Pierre Dharéville, *La laïcité n'est pas ce que vous croyez*, Marseille/Ivry-sur-Seine, laMarseillaise.fr/Les Éditions de l'Atelier, 2013.

Laïcité : ce que disent les textes

– Article 1er de la loi de 1905 relative à la séparation des Églises et de l'État : *« La République assure la liberté de conscience. Elle garantit le libre exercice des cultes sous les seules restrictions édictées* [lire ci-après] *dans l'intérêt de l'ordre public. »*

– Article 9 de la Convention européenne des droits de l'homme, point 1 : *« Toute personne a droit à la liberté de pensée, de conscience et de religion ; ce droit implique la liberté de changer de religion ou de conviction, ainsi que la liberté de manifester sa religion ou sa conviction individuellement ou collectivement, en public ou en privé, par le culte, l'enseignement, les pratiques et l'accomplissement des rites. »*

– Article 9 de la Convention européenne des droits de l'homme, point 2 : *« La liberté de manifester sa religion ou ses convictions ne peut faire l'objet d'autres restrictions que celles qui, prévues par la loi, constituent des mesures nécessaires, dans une société démocratique, à la sécurité publique, à la protection de l'ordre, de la santé ou de la morale publiques, ou à la protection des droits et libertés d'autrui. »*

52 *« Les prières de rue ne sont pas qu'une entrave à la laïcité, elles sont aussi le signe d'une islamisation rampante. »*

Les prières de rue, comparées par Marine Le Pen à une *« occupation étrangère »* (lire le point 46), ne se réduisent qu'aux médiatiques affaires du prêche de la rue Myrha, dans le quartier parisien de la Goutte-d'Or, en 2010, ou de la rupture du ramadan à Roubaix, en 2013. Elles montrent surtout une absence problématique de lieux de prière décents et adaptés en France. Alors qu'il en existe 39 000 dédiés à la religion catholique, l'islam en compte actuellement 2 000, dont dix grandes mosquées et, pour le reste, des pavillons, des salles, des hangars ou même des anciens foyers Sonacotra reconvertis pour l'occasion. Des conditions de prière parfois précaires qui ont pu donner l'image d'un « islam des caves » et alimenter ainsi toutes sortes de fantasmes. Pourtant, en France, les besoins de l'islam relèvent le plus souvent de locaux de proximité de petite capacité et qui puissent convenir à la diversité des communautés. Or, si la loi de 1905 est venue consolider des lieux de culte déjà existants, elle ne peut intervenir en faveur de l'islam du fait de l'interdiction faite aux pouvoirs publics de subventionner les religions[5], ce qui est une bonne chose en soi. Ainsi donc, la contribution des fidèles reste l'une des principales sources de financement des lieux de cultes musulmans en France. À cela s'ajoutent des aides indirectes des collectivités, comme la facilitation d'obtention d'un terrain ou d'un permis de construire pour une salle à la double vocation culturelle et cultuelle. Sans oublier les financements des pays d'origine, lesquels peuvent parfois poser problème en termes de subordination d'une communauté à un gouvernement. C'est sur ce triptyque qu'a, par exemple, été érigée la grande mosquée de Strasbourg[6].

---

5. En 1905, l'État s'est déclaré propriétaire de la majorité du patrimoine immobilier des églises alors existant. Afin de garantir le libre exercice des cultes, la puissance publique a ensuite concédé ces locaux à des « associations cultuelles » bénéficiant d'avantages fiscaux et autorisées à percevoir des dons et des legs.

6. 26 % d'aides directes ou indirectes de l'État, 24 % de dons et 50 % de financement venant du Maroc, de l'Arabie Saoudite et du Koweït.

Plus généralement, alors que la pratique dominicale régulière de la messe est passée de 20 % des catholiques en 1972 à 4,5 % en 2009 – ce taux est le plus bas d'Europe –, la pratique de l'islam a légèrement augmenté, passant de 21 % à 28 % des musulmans, entre 1987 et 2009. En France, l'Église catholique compte 2,7 millions de fidèles sur un peu plus de 40 millions de Français qui se reconnaissent en ce culte. Un chiffre sensiblement identique pour l'islam, avec 2,1 millions de pratiquants pour une population estimée entre 5 et 6 millions de personnes. Parmi ces derniers, on estime à 700 000 le nombre de pratiquants assidus de l'islam en France. On est donc bien loin de cette supposée « islamisation rampante ».

53 *« Un grand nombre de musulmans ne veulent pas faire comme tout le monde. Ils veulent imposer leur religion partout : dans les commerces, les cantines, dans leurs quartiers, dans la rue. »*

Les trois millions de Français qui sont musulmans n'ont pas à s'intégrer : ils sont Français. La plupart des musulmans vivent leur religion en harmonie avec les lois de la République. Quand des problèmes surviennent, il faut s'attacher, comme le dit Dounia Bouzar[7], anthropologue du fait religieux, à ne pas créer de règles spécifiques à chacun mais à trouver des règles communes qui permettront à tous d'avoir un choix conforme à leurs

7. Dounia Bouzar, *Désamorcer l'islam radical*, Ivry-sur-Seine, Les Éditions de l'Atelier, 2014.

convictions. Concernant, par exemple, les cantines scolaires, deux écueils sont à éviter. Le premier consiste à ne proposer que des aliments conformes en tout point aux règles de l'islam, sous prétexte que sont présents des enfants dont les parents sont de confession musulmane, et donc s'interdire de mettre du porc ou tout autre produit non halal dans les menus. Second écueil : ne proposer aux enfants que des aliments non conformes aux recommandations du Coran. Même chose avec les fêtes entre voisins : il est important de laisser le choix de boire ou non des boissons alcoolisées. Permettre à la liberté de s'exercer est une façon de respecter l'autre et de bannir ces comportements sectaires qui touchent toutes les religions.

QUATRIÈME PARTIE

LES FAUSSES SOLUTIONS

Sur l'accueil

54 *« Il faut expulser tous les étrangers qui ne veulent pas s'intégrer. »*

Ce qui pose problème, ce n'est pas tant la façon dont les personnes étrangères vivent et travaillent en France que la politique d'accueil : la communauté « majoritaire » doit faciliter l'arrivée et l'installation sur son territoire des personnes qui viennent de l'étranger. Comme on l'a déjà montré, l'intégration est un processus à double sens, un effort commun aux antipodes de la logique d'expulsion des étrangers prônée par l'extrême droite. L'expulsion est une tragédie humaine qui ne sert à rien, ne résout aucun problème et se pose en vraie-fausse solution ruineuse pour le pays. Dans un rapport publié en 2009, le sénateur Pierre Bernard-Reymond estimait à 415 millions d'euros par an le coût des reconduites à la frontière menées par la police[1]. Un chiffre, précisait-il, qu'il faut ramener au nombre de personnes concernées. Or, selon les dernières statistiques fournies par le ministère de l'Intérieur, la France a procédé à 27 051 expulsions[2] pour l'année

1. Cette estimation prend en compte le coût de la gestion « logistique » de ces personnes (80,8 millions d'euros) auquel il faut ajouter celui des personnels affectés à ces reconduites (334,4 millions d'euros).

2. Ce chiffre inclut notamment 15 469 éloignements par « contrainte » – dont 10 793 sans-papiers renvoyés vers un pays de

2013. Un rapide calcul permet donc d'établir à 15 342 euros le prix de l'expulsion d'une seule personne. Aussi, depuis dix ans que cette politique de reconduite à la frontière a été instituée par la loi du 26 novembre 2003, pas moins de 15 000 fonctionnaires [3] sont mobilisés à temps plein et à l'année, chargés exclusivement de l'interpellation de ces personnes, de leur placement en centres de rétention administrative jusqu'à leurs transferts divers. Ce qui équivalait, en 2012, à mobiliser un emploi annuel à temps plein pour deux expulsions. Un détournement de l'argent public qui paraît tout à fait inutile : au lieu de dépenser à perte au nom d'une idéologie de la non-intégration, il serait temps de penser à mettre en place une réelle politique d'accueil, d'information et d'orientation à partir d'une réflexion à mener autour de la notion d'hospitalité et des besoins économiques. Reposant sur des agents de l'État payés pour accompagner ces personnes et non pour les contraindre à un retour forcé, cette politique permettrait aux migrants de s'installer sereinement en France, d'avoir une vision à long terme de leur existence et de construire des projets. Car, pour El Mouhoub Mouhoud [4], professeur d'économie à l'université de Paris-Dauphine et à Sciences Po Paris, c'est bien la multiplicité des statuts existants, illisibles et inefficaces, la précarité du statut de résident

---

l'Union européenne, soit en tant que ressortissants (dont environ 3 000 Roms), soit parce qu'ils avaient transité par ce pays, et 4 676 reconduites vers un pays extra-européen – et 5 500 « départs spontanés ».

3. *Cf.* Damien de Blic, « Sans-papiers : l'autre "chiffre" de la politique d'expulsion », *in Mouvements*, 2009.

4. *In Témoignage chrétien*, n° 3568, décembre 2013.

et le durcissement des possibilités d'accès à la nationalité qui créent pour les migrants des situations d'incertitude sur l'avenir : ils peinent, par conséquent, à construire des projets en absence de toute perspective. Ainsi, ne pas prendre le tournant de l'hospitalité, c'est réduire ces personnes à être de la main-d'œuvre bon marché, juste bonne à boucher les trous des secteurs économiques en tension, en ignorant, en outre, toute la richesse dont elles sont porteuses en matière de culture et de pensée.

55 *« On devrait supprimer le droit du sol qui permet à un enfant né en France de parents étrangers de devenir automatiquement français. »*

Le droit du sol n'a jamais été automatique en France, sauf avant et pendant la Révolution de 1789, ou pour les enfants dont au moins l'un des parents est lui-même né en France. Depuis 1803, un enfant né en France de parents étrangers ne peut donc obtenir la nationalité française qu'à partir de ses treize ans et s'il réside régulièrement sur le territoire national depuis ses huit ans. Pour cela, il faut qu'il engage une démarche auprès de l'État, en plein accord avec ses parents. Offrir ce choix, c'est favoriser l'appartenance à la nation, permettre à ces jeunes de se sentir partie prenante des orientations de toute une société. De plus, une hypothétique réforme du droit du sol risquerait de fabriquer des apatrides, comme dans le cas d'enfants nés en France de parents étrangers qui ne seraient donc ni Français ni de la nationalité de leurs parents. Une bien mauvaise solution qui n'est pas près de voir le jour, la France étant signataire de conventions internationales proscrivant la création d'apatrides sur son territoire.

56 *« On devrait supprimer le regroupement familial pour éviter que les étrangers ne s'installent durablement en France. »*

En réalité, le regroupement familial ne représente qu'une infime partie de ce qu'on appelle l'immigration familiale. Sur les 191 452 titres de séjour délivrés en 2012 par la France, 86 572 l'étaient au nom de cette immigration particulière, dont 51 556 pour un mariage avec une personne française, 18 440 pour des liens personnels et familiaux autres, et 16 576 pour un regroupement familial. On le voit, le contingent le plus important de l'immigration familiale est donc représenté par les conjoints des Français. À moins de vouloir contrôler leur vie affective et les empêcher de choisir avec qui ils veulent construire leur vie ou se marier, il semble compliqué de remettre en cause ce droit. D'autant que celui-ci est inscrit dans le préambule de la Constitution de 1946 qui stipule que *« la nation assure à l'individu et à la famille les conditions nécessaires à leur développement »*. Un principe réaffirmé par l'arrêt du 8 décembre 1978, émis par le Conseil d'État, qui instaure un nouveau droit à mener une vie familiale normale et établit le regroupement familial comme un dispositif nécessaire au respect du droit des étrangers. Les conditions d'obtention de ce titre se sont durcies depuis les lois Pasqua de 1993, et surtout depuis les lois Sarkozy de

2003. La personne étrangère qui fait une demande de regroupement familial doit, pour qu'elle soit recevable, résider depuis au moins dix-huit mois sur le territoire français, et ce de façon régulière. Il doit également justifier de ressources stables pour assurer l'accueil de sa famille dans de bonnes conditions. Ces dernières doivent être équivalentes au Smic, soit 1 445,38 euros mensuels brut, hors prestations sociales comme le RSA, l'ATA, l'ASS ou l'AER[5]. Comme on le voit, il y a beaucoup d'obstacles à franchir avant de pouvoir réunir une famille sur le territoire français.

5. RSA : revenu de solidarité active ; ATA : aide temporaire d'attente ; ASS : allocation de solidarité spécifique ; AER : allocation équivalent retraite.

Sur le social et l'économie

57 « *On devrait réserver le RSA aux Français car il est financé par les impôts des Français.* »

C'est un énorme mensonge répété en boucle, en vertu de la règle du « plus c'est gros, mieux ça passe ». Le revenu de solidarité active (RSA) n'est absolument pas financé par l'impôt des Français mais par une taxe perçue sur les revenus financiers. Cette prestation est le volet social de la loi Tepa, plus connue sous le nom de « paquet fiscal », votée en août 2007 par le gouvernement Fillon. Géré par les conseils généraux et versé par la Caisse d'allocations familiales, le RSA est un revenu minimum alloué aux personnes sans ressources en contrepartie de l'obligation de chercher un travail ou de définir et suivre un projet professionnel visant à améliorer sa situation financière. Il se divise en deux prestations possibles : le « RSA socle », pour les bénéficiaires exclus de toute activité, et le « RSA activité », pour les travailleurs percevant d'infimes revenus professionnels. En 2012, le montant du « RSA socle » s'élevait à 475 euros pour une personne seule. Somme de laquelle doit être déduit ce qui a déjà été perçu à titre de forfait logement, pension alimentaire ou allocation familiale. Son fonctionnement est d'une telle complexité que 35 % des bénéficiaires potentiels du « RSA socle » ne le demandent pas. Concernant le « RSA activité », le taux de non-recours explose à 68 %.

Quant aux étrangers, plusieurs conditions particulières encadrent pour eux l'accès au RSA. Les citoyens de l'Espace économique européen (EEE) doivent remplir les conditions qui permettent de bénéficier d'un droit de séjour et résider en France depuis au moins trois mois au moment de leur demande. Les autres n'y ont droit qu'à la condition d'être en possession d'un titre de séjour les autorisant à travailler depuis au moins cinq ans, ou d'avoir obtenu le statut de réfugié après une demande d'asile.

58 *« L'aide médicale d'État[1] devrait être supprimée car elle attire de plus en plus d'immigrés qui se disent qu'ils vont pouvoir bénéficier de soins gratuits ici alors qu'ils n'en ont pas dans leur pays. »*

C'est faux, car, selon un rapport de la commission des affaires sociales de l'Assemblée nationale[2], seuls 5 % des migrants qui entrent en France en étant malades ont connaissance des maladies dont ils sont atteints. Par

1. L'aide médicale de l'État (AME) est un dispositif permettant aux étrangers en situation irrégulière de bénéficier d'un accès aux soins. Elle a été créée en 1893 et refondée un siècle plus tard, en 1999, pour protéger la santé des personnes vivant dans des conditions précaires qui exposent à toutes sortes de contaminations ou de complications sanitaires. Le droit à l'AME est valable un an. Pour se le voir renouveler, il faut pouvoir justifier de conditions de ressources situées en dessous du seuil de pauvreté, et donner des preuves de présence et de résidence sur le territoire français.
2. Ce débat parlementaire a eu lieu le 7 novembre 2013.

ailleurs, depuis 1997, le Conseil d'État et la Cour européenne des droits de l'homme protègent, par leurs législations, les étrangers gravement malades d'une reconduite à la frontière[3]. L'argument de la suppression de cette aide d'État est, en fait, principalement financier. Du temps du gouvernement Fillon, l'État avait décidé, non pas de supprimer cette aide, mais d'en conditionner l'accès au paiement d'un timbre fiscal de 30 euros. Cette atteinte flagrante au droit universel à la santé avait fait entrer 5 millions d'euros dans les caisses de l'État[4] : une infime partie du déficit de la Sécurité sociale qui devrait être ramené à 12,8 milliards d'euros en cette année 2014[5]. Surtout, la suppression de l'AME, proposée par l'extrême droite, serait très dangereuse en matière de santé publique[6]. En augmentant le montant du timbre fiscal ou en privant tout bonnement de cette aide des personnes déjà fortement précarisées, on retarderait d'autant leur prise en charge médicale. Ce qui aurait pour conséquence de mettre à terre l'ensemble des politiques de prévention sanitaire et de préparer, à long terme, les conditions d'explosion des finances publiques.

3. Comme le rappelle la Cimade dans son rapport « De moins en moins de droits pour les étrangers ».

4. Commission des affaires sociales de l'Assemblée nationale, 7 novembre 2013.

5. Ce dont souffre principalement la Sécurité sociale, c'est d'un déficit de recettes, le Medef – et les gouvernements successifs jusqu'à aujourd'hui – refusant toute modulation des cotisations des entreprises visant à favoriser l'emploi. Car c'est l'emploi qui est source de financement de la Sécurité sociale.

6. Elle ferait courir le risque d'un retour de maladies infectieuses graves aujourd'hui quasiment disparues en France.

Cette solution, visant à tabler sur une diminution artificielle du nombre de bénéficiaires[7], est donc un mauvais calcul qui n'aurait pour conséquence que de creuser encore un peu plus le « trou de la Sécu », et qui signifierait surtout l'abandon des plus faibles, des plus précaires. Et contrairement à ce que certains voudraient faire croire, pour bénéficier de cette couverture maladie de base gratuite, les étrangers en situation irrégulière doivent justifier d'une présence minimum de trois mois en France et de revenus ne dépassant pas un plafond annuel de 8 593 euros (soit une moyenne de 716 euros par mois qui les place sous le seuil de pauvreté). Cette aide d'État, faut-il aussi le rappeler, n'a pas été créée à la seule destination des étrangers, mais a été mise en place sous la IIIe République en faveur des plus pauvres, qu'ils soient français, étrangers ou sans papiers.

7. Cela concernerait 208 000 personnes, soit le nombre d'étrangers en situation irrégulière en France, pour 4,5 millions de bénéficiaires de la CMU (Couverture maladie universelle).

Sur la concurrence entre les travailleurs

59 ***« Il y a trop de main-d'œuvre disponible et pas assez d'emplois pour tout le monde, c'est pour cela qu'il faut donner la priorité d'embauche aux Français. »***

Une main-d'œuvre trop importante ? Et pourtant, toute une série de secteurs n'arrivent pas à recruter à hauteur de leurs besoins, à cause des problèmes d'information, de formation et de pénibilité non reconnue de certains métiers, ainsi que du versement de salaires trop faibles. Ainsi, 40 % des bassins d'emploi connaissent des difficultés de recrutement quand 20 % sont en situation chronique de chômage. Et cette situation n'a aucun rapport avec la supposée concurrence entre les travailleurs français et étrangers. Celle-ci est un faux problème dont la solution ne réside pas dans l'exclusion d'une population au bénéfice d'une autre, mais bien dans l'engagement d'une politique de réformes structurelles axée sur la formation et la qualification ainsi que sur le niveau de rémunération qui permettrait de rendre plus attractifs certains métiers. Revaloriser les conditions de travail dans les domaines du bâtiment ou du service à la personne permettrait ainsi à chaque travailleur de pouvoir faire le choix de s'engager dans ces métiers.

Pour l'économiste El Mouhoub Mouhoud [1], cette absence de réflexion politique n'encourage pas les travailleurs nationaux à les choisir, et pousse les travailleurs immigrés à s'installer là où leurs réseaux leur permettent de trouver du travail. Tant que ce débat social et économique sera occulté, l'extrême droite pourra toujours le ramener sur le seul terrain de la « priorité nationale ».

60 *« On devrait systématiquement faire jouer la préférence nationale en matière d'embauche, de logement et d'aides sociales. »*

Derrière cette connotation positive de « préférence » se cache un principe discriminatoire et anticonstitutionnel. La République française est un socle qui ne pose aucune différence de droits entre les femmes et les hommes qui vivent sur son territoire. Qui plus est, cette logique de préférence nationale s'inscrit dans la vision d'une économie en pénurie et non d'une croissance retrouvée et d'un partage des richesses produites par le travail, quelles que soient l'origine ou la nationalité des travailleurs. Cette démarche raciste et xénophobe n'a qu'un but : retirer leurs droits économiques et sociaux aux étrangers pour leur enlever toute perspective d'intégration, leur signifiant ainsi que leur « vocation naturelle » est de retourner dans leur pays d'origine. Surtout, elle permet de dédouaner le grand patronat de ses responsabilités en matière d'emploi, de

---

1. *In Témoignage chrétien*, n° 3568, décembre 2013.

rémunération, de formation. Pourtant, l'écart entre, d'un côté, les dividendes versés aux actionnaires et les remboursements d'emprunts, et, de l'autre, les investissements productifs et investissements d'emplois et de salaires, ne cesse de croître au détriment des seconds. Résumer les problèmes réels d'accès à l'emploi et au logement à la concurrence entre étrangers et nationaux est un leurre. La vraie question est de comprendre pourquoi la garantie de ces droits à tous n'est pas effective alors qu'ils sont juridiquement institués. Dans son livre *L'accès aux droits sociaux*, Philippe Warin [2] fait un parallèle entre le développement des réformes de la protection sociale en France et le non-recours aux prestations sociales auxquelles la plupart des Français ont droit (lire aussi le point 8). Pour lui, c'est le durcissement de leur accès, dans le but avoué de limiter la dépense publique, qui a découragé bon nombre de bénéficiaires d'en faire la demande. Provoquant, *in fine*, le repli sur soi, la peur de l'autre et la dislocation du lien social. Ce n'est donc pas la mise en place d'une quelconque « préférence nationale » qui permettra de ressouder ce vivre-ensemble indispensable au bon équilibre d'une société, mais bien l'accès de tous aux droits, à commencer par le droit au travail.

---

2. Philippe Warin est directeur de recherche au CNRS, au sein de l'Observatoire des non-recours aux droits et services de Grenoble. Il est l'auteur de *L'accès aux droits sociaux* (Grenoble, Presses universitaires de Grenoble, coll. « Politique en plus », 2006).

Sur la mondialisation

61 *« On devrait supprimer le recours aux travailleurs détachés qui prennent leurs emplois aux Français. »*

Il faut inverser le raisonnement : contrairement à ce que voudrait faire croire l'extrême droite, le statut du travailleur détaché n'est pas un moyen de faire venir indéfiniment des étrangers en France mais un processus de facilitation du travail sur un temps donné. Et si ce statut connaît un nombre grandissant d'abus, ce n'est pas à cause de ces salariés, mais du fait des employeurs qui les envoient travailler aux quatre coins de l'Europe. Pour bien comprendre de quoi il s'agit, il faut savoir que ce statut a été défini par la directive européenne 96-71 du 16 décembre 1996, elle-même établie par le Conseil et le Parlement européens. Cette dernière stipule qu'*« un travailleur est considéré comme "détaché" s'il travaille dans un État membre de l'UE parce que son employeur l'envoie provisoirement poursuivre ses fonctions dans ce pays »*. La durée moyenne d'un détachement ne dépasse pas 50 jours. En 2011, on comptait 169 029 détachements de salariés français en Europe quand, à la même date, la France accueillait 144 411 travailleurs détachés, officiellement déclarés. Au sein de l'Union Européenne, on évaluerait leur nombre à 1,5 million et, de façon générale, 61 % des déclarations de détachement proviennent des dix pays ayant adhéré en 2004. Et ce, même si les demandes en provenance des nouveaux pays membres de l'UE ont augmenté de 44 % en cinq ans. Ainsi, selon les derniers chiffres du ministère du Travail, les trois premiers pays d'origine des travailleurs détachés accueillis en France sont les mêmes en 2013 : la Pologne (18 %), le Portugal (15 %) et la Roumanie (13 %). Ces travailleurs interviennent dans les trois secteurs clés que sont la construction (33 %), l'industrie (25 %) et le travail temporaire (20 %). Or, dans le cadre de cette directive, les cotisations sociales appliquées sont celles du pays d'origine, ce qui permet à un employeur d'embaucher des travailleurs à moindre coût lorsqu'il existe une différence importante de niveau de cotisations sociales entre les pays. En revanche, le salaire et les conditions de travail de l'employé détaché relèvent des règles du pays dans lequel il travaille. Un travailleur détaché en France doit donc toucher au minimum le Smic. Un règlement dont *« le contournement s'accroît en France »*, reconnaissait, en novembre 2013, Michel Sapin, le ministre du Travail. Cela, notamment, du fait de *« montages frauduleux de plus en plus sophistiqués »*, et du petit nombre de contrôles appliqués par les services de l'État. En 2011, entre 1 400 et 2 100 contrôles ont été effectués par les agents des directions régionales des entreprises, de la concurrence, de la consommation, du travail et de l'emploi. Ce n'est donc pas le recours à ces travailleurs qui pose problème mais le détournement qui en est fait par le patronat. C'est bien en se battant pour le respect des droits existants et l'acquisition de nouveaux droits, et ce au bénéfice de tous les travailleurs, que l'on obligera les employeurs à ne plus avoir recours à de la main-d'œuvre bon marché. Ce qui aura pour effet d'empêcher la régression sociale et de supprimer la concurrence entre salariés.

N. B. : À l'heure où nous rédigeons ce livre, une nouvelle directive sur le détachement des salariés est en négociation. La majorité des pays, dont la France et l'Allemagne, veulent renforcer les contrôles et lutter contre les dérives générées par le recours à la main-d'œuvre détachée, notamment en matière de cotisations sociales, quand d'autres pays font valoir qu'un renforcement des moyens de contrôle irait à l'encontre de la libre-circulation des travailleurs dans l'Union. Selon le journal *Le Monde* du 2 décembre 2013, *« en France, Michel Sapin souhaite renforcer les contrôles menés par l'Inspection du travail mais aussi l'arsenal législatif national visant à responsabiliser les maîtres d'ouvrage et les donneurs d'ordre quand ils recourent à des sous-traitants multiples »*.

62 *« Face au libre-échange total et à l'immigration incontrôlée organisés par le patronat mondialiste et qui nuit aux salariés, la seule solution est de fermer nos frontières. »*

L'Union européenne est la première zone économique mondiale devant les États-Unis et la Chine, avec un produit intérieur brut (PIB) représentant, en 2012, 23,1 % du PIB mondial[1]. La France, qui occupe la

1. Le PIB mondial est la somme de tous les PIB nationaux. Calculé par la Banque mondiale, il est estimé à 60 000 milliards de dollars.

sixième place mondiale tant au niveau des exportations que des importations, effectue 61 % de ses exportations sur ce « marché unique » que représente l'Europe. Malgré cela, son taux de chômage reste élevé (autour de 10,5 %) et son taux d'employabilité plus faible que le taux moyen des pays développés. Il ne s'agit pas d'un problème de frontières, mais bien d'un manque de régulation économique et de maîtrise politique de l'économie de marché : réguler les marchés ne signifie en aucun cas fermer les frontières. Derrière cette fausse proposition se pose la vraie question du fort taux de chômage français. Contrairement à ce qui est avancé, il n'est dû ni à la « trop forte » présence de travailleurs immigrés sur le territoire, ni au manque de compétitivité des salariés français, et encore moins au prétendu coût élevé du travail. Ces déséquilibres sont plutôt à chercher du côté du coût du capital. Établi par l'Institut de recherches économiques et sociales (IRES), le « surcoût du capital » représente chaque année, en France, entre 94 et 140 milliards d'euros. Soit plus de 6 points du PIB qui ne vont ni au financement de la protection sociale, ni aux salaires, ni à l'emploi et encore moins à l'investissement productif. Pour éviter la casse de l'emploi français sans pour autant fermer les frontières, il faudrait, par exemple, réinjecter les 27,6 milliards d'euros obtenus en 2012 par les entreprises au titre des exonérations sociales et fiscales patronales dans les secteurs de la recherche, du développement et de l'innovation.

Sur l'Europe

63 *« Sortir de l'euro permettrait de revenir au franc, de le dévaluer et d'avoir des prix plus compétitifs pour les produits exportés. »*

Que vaut-il mieux ? Sortir de l'euro, ou s'engager pour qu'il soit utilisé autrement ? La sortie pure et simple de l'euro mènerait à une impasse économique pour plusieurs raisons. Certes, le retour au franc permettrait de le dévaluer, par exemple de 25 % par rapport à l'euro, pour obtenir des effets positifs sur les exportations françaises en rendant les produits moins chers. Mais cette dévaluation aurait des contreparties plus négatives sur les importations qui seraient 25 % plus chères. Or, la balance commerciale de la France est déficitaire de 60 à 70 milliards d'euros. L'inconvénient serait financièrement plus lourd que l'avantage. S'appuyer sur un envol des exportations françaises du fait de la baisse des prix des produits « *made in France* » serait pour le moins risqué tant la faible croissance est la règle dans l'ensemble de l'Europe. De plus, d'autres pays européens seraient tentés d'adopter les mêmes dispositions et d'enclencher ainsi une spirale de mesures protectionnistes qui ruineraient pour longtemps la possibilité de construire une Europe fondée sur la solidarité et le développement de la coopération. Autre élément à prendre en compte, la dette publique : contrairement à l'Italie, la dette française est détenue à 60 % (soit 1 140 milliards d'euros) par des opérateurs qui ne résident pas dans l'Hexagone. Le retour à un franc dévalué de 25 % par rapport à l'euro alourdirait automatiquement la dette et les intérêts de celle-ci qui se chiffrent déjà à 50 milliards d'euros par an. Enfin, le retour au franc risquerait de déchaîner la spéculation internationale sur les marchés.

Mesurer les conséquences d'une sortie de la France de l'euro ne suffit pas. Les ravages des politiques d'austérité menées en Europe incitent dès maintenant à imaginer des issues qui fassent de l'euro un outil au service d'un développement à la fois social, économique et écologique. Plusieurs mesures peuvent être prises d'emblée : un audit de la dette de l'ensemble des pays européens pourrait conduire à en annuler une partie et à faire en sorte que la Banque centrale européenne (BCE) puisse en racheter une autre partie, ce qui aurait pour effet de desserrer la contrainte des marchés sur les pays les plus endettés. Cette mesure irait de pair avec la révision du Traité de stabilité qui permettrait d'annuler la règle d'or des 3 % de déficit budgétaire et de mettre en place d'autres critères fondés sur le développement de l'emploi, de la protection sociale et sur la capacité à favoriser la transition écologique. Ces nouveaux critères de développement feraient l'objet d'un vaste débat au sein des parlements nationaux, du Conseil économique européen où siègent les syndicats, du Parlement européen et du Conseil européen, et la Commission européenne serait chargée d'exécuter les décisions résultant de cette élaboration. Deux mesures structurelles permettraient de mettre en œuvre cette nouvelle orientation : la possibilité donnée à la BCE de créer de la monnaie pour financer les projets des États, ce qui lui est aujourd'hui interdit[1], et la détermination de sa politique par une assemblée composée de la commission des finances du Parlement européen et des commissions parlementaires des finances de chaque pays de la zone euro. On pourrait ainsi combiner la démocratisation des institutions européennes et le développement social, économique et écologique de l'Europe. La logique développée dans cette transformation de l'Europe serait celle de la coopération : au lieu d'accroître les écarts entre les pays rendus fragiles par la financiarisation de leurs économies et ceux qui disposent de plus d'atouts dans la compétition mondiale, les États membres de l'Union pourraient élaborer des coopérations bilatérales productives permettant à des pays aux revenus excédentaires comme l'Allemagne d'investir dans des pays déficitaires comme le Portugal, l'Espagne ou la Grèce. Toute l'Europe y aurait intérêt car, au contraire de l'austérité, le développement impulsé générerait une importante activité.

64 *« Il faut supprimer les accords de Schengen pour rétablir le contrôle aux frontières. »*

Faire cela, ce serait accroître le repli sur soi, déjà inquiétant en Europe. Les accords et la convention de Schengen, du nom de la ville luxembourgeoise où ils furent conclus en 1985 et 1990, regroupent aujourd'hui 26 États européens. Ils garantissent la libre circulation des personnes en leur sein. Par ailleurs, ces accords

1. Ses prêts doivent obligatoirement transiter par les banques.

établissent que les frontières de cet espace Schengen doivent être contrôlées afin de lutter contre l'immigration clandestine. Tous les États de l'Union européenne, à l'exception du Royaume-Uni et de l'Irlande, doivent les mettre en œuvre, y compris, à terme, la Bulgarie, Chypre, la Croatie et la Roumanie qui ne sont pas encore membres de l'espace Schengen [2]. Supprimer ces accords pour rétablir le contrôle aux frontières serait une régression considérable pour les libertés individuelles des citoyens de l'Union européenne – Français inclus – qui ne pourraient plus aller et venir librement. En réalité, cette mesure entretient deux peurs agitées pour faire grandir les réflexes sécuritaires et xénophobes. La première vise l'arrivée supposée massive de Roms en provenance de Bulgarie et de Roumanie, qui serait accentuée par l'adhésion prochaine de ces deux pays à l'espace Schengen. Cette affirmation repose sur un mensonge : depuis l'adhésion de la Bulgarie et de la Roumanie à l'Union européenne en 2007, les citoyens de ces pays, dont les Roms, peuvent bénéficier de permis de séjour de trois mois pour circuler dans n'importe quel pays de l'Union [3] (lire aussi l'encadré du point 5). Cette prochaine adhésion ne va donc rien changer. La deuxième peur agitée par les partisans de la fermeture des frontières est celle d'une arrivée massive de migrants provenant des pays de

2. La Suisse, le Liechtenstein, l'Islande et la Norvège sont également membres de l'espace Schengen tout en n'étant pas membres de l'Union européenne.

3. Les restrictions, établies par la France, concernant les 291 métiers qu'ils pouvaient exercer ont été supprimées au 1er janvier 2014 pour les ressortissants roumains et bulgares.

la rive sud de la Méditerranée, conséquence des révolutions arabes. Cette arrivée, prétend-on, déstabiliserait les sociétés européennes. La réalité est tout autre : au regard des 455 millions d'habitants des pays membres de l'Union européenne, le nombre de personnes accueillies provenant des pays méditerranéens est infime : ainsi, au plus fort des migrations, au moment où se déclenchaient les révolutions arabes de 2011, on a compté moins de 100 000 entrées sur le territoire de l'Union. Cette restriction des politiques migratoires de l'Union européenne à travers notamment l'agence Frontex[4], chargée de surveiller les frontières extérieures de l'Europe, a des conséquences dramatiques : ainsi, en dix ans, 20 000 migrants voulant rejoindre clandestinement les côtes européennes se sont noyés en Méditerranée, ce qui constitue une atteinte grave à l'obligation de porter secours à des personnes en danger. Force est de constater, à la lumière de ces chiffres, que la France, comme l'ensemble de l'Union européenne, prend de plus en plus ses distances avec la Convention de Genève signée par 147 États en 1951 qui établit le droit d'asile et les règles de l'hospitalité.

La solution n'est donc ni dans le rétablissement des contrôles aux frontières internes à l'Union, ni dans la construction d'un véritable rideau de fer à ses frontières extérieures mais dans l'établissement de coopérations entre les pays de l'Union européenne et les pays voisins. Ces accords pourraient prévoir la création d'espaces de

---

4. Système de surveillance des frontières extérieures de l'Europe qui est chargé d'interdire tout accès aux personnes sans visa, cela dans le cadre d'une politique migratoire extrêmement restrictive.

liberté de circulation entre les pays des deux rives de la Méditerranée comme avec les pays d'Afrique. Ces espaces de circulation, qui ne nécessiteraient plus l'obtention de visas, seraient complétés par des accords de partenariats économiques, sociaux et culturels. L'Europe y aurait tout à gagner. Ils faciliteraient les échanges en matière d'éducation, de transfert de technologies, de financement de projets. Conscient de cet enjeu, le Portugal et son ancienne colonie, le Brésil, ont signé le 11 juillet 2003 un accord bilatéral qui dispense les citoyens des deux États de visa pour un séjour de moins de 90 jours ayant pour objet des activités précises (culturelles, entrepreneuriales, etc.). L'accord prévoit également une procédure sommaire et accélérée d'obtention de visa pour les séjours supérieurs à trois mois.

65 *« Les nations ont besoin de dirigeants forts comme l'est Vladimir Poutine pour la Russie. »*

« Je ne cache pas que dans une certaine mesure j'admire Vladimir Poutine. Il commet des erreurs, mais qui n'en commet pas ? La situation en Russie n'est pas facile et on ne peut pas régler rapidement les problèmes issus de la chute de l'URSS. » Cette déclaration de Marine Le Pen au journal russe *Kommersant* en 2011 montre que la présidente du Front national voit en l'actuel homme fort de la Russie l'exemple même de la figure du chef (lire le point 73), prêt à interdire toutes formes de manifestations, à enfermer ses opposants directs et à stigmatiser une partie de sa population au nom de l'unité nationale.

Sa réflexion est la même quand elle soutient le dictateur syrien Bachar Al-Assad qui, pour préserver son pouvoir et lutter contre ses opposants, n'a pas hésité à massacrer plus de 100 000 de ses concitoyens. Son père, Jean-Marie Le Pen, avait soutenu en son temps Saddam Hussein pour le même motif : mieux vaut un pouvoir autoritaire voire dictatorial qui écrase son opposition que l'avènement d'une véritable démocratie.

Sur la démocratie

66 *« La solution pour sortir du système des partis et donner la parole au peuple, c'est le référendum. »*

Vouloir faire du référendum le mode principal d'expression citoyenne est une proposition démagogique qui prône la suppression de tout intermédiaire entre le peuple et le « chef » (lire aussi le point 73). Derrière une volonté apparente de donner la parole au peuple, il s'agit en fait d'une confiscation pure et simple de la parole populaire qui se voit réduite à sa plus simple expression : une réponse par « oui » ou par « non » aux questions posées. Avec, pour unique justification à ce mode d'expression, la posture du peuple contre l'Assemblée nationale, le Sénat, les syndicats et les fonctionnaires... tous ces corps intermédiaires supposés rétifs à toute réforme. Une négation de la démocratie représentative et une réduction dangereuse de la démocratie participative. Contre le risque d'une instrumentalisation des pulsions par le référendum – lorsqu'il en est fait un usage populiste –, il existerait pourtant d'autres modèles qui remettraient à la fois les citoyens et leurs représentants dans le jeu et la confiance démocratiques, comme par exemple les conférences citoyennes et les référendums délibératifs[1]. Ces derniers reposent sur l'intelligence des citoyens et ne concernent que des questions de projets communs. Une telle expérience s'est déroulée en Islande[2]. Après la crise économique que le pays a traversée en 2008, elle a été, de ce point de vue, emblématique. Face à un état de quasi-faillite, les citoyens islandais sont descendus dans la rue et ont provoqué des élections anticipées qui ont porté au pouvoir, en avril 2009, une coalition réunissant sociaux-démocrates et écologistes. Parallèlement à la mise en place de ce nouveau gouvernement, une Assemblée citoyenne s'est réunie pour dégager les valeurs sur lesquelles devait pouvoir se refonder le pays. Constituée d'un millier de personnes tirées au sort et de quelques centaines de personnalités qualifiées, cette assemblée a marqué la première étape d'une nouvelle manière de faire de la politique. Renouvelée en novembre 2010 avec le soutien de l'État, l'expérience avait pour but, cette fois-ci, la création et l'adoption d'une nouvelle Constitution. La tâche de cette seconde Assemblée citoyenne était de déterminer, en s'appuyant sur les résultats de la première, les grands principes d'une loi fondamentale. Pour cela, elle a mis en place un Conseil constituant directement élu par la population. Au printemps 2011, ce dernier a travaillé à un nouveau texte constitutionnel

---

1. Ce mode de référendum est l'outil principal de la démocratie délibérative inspirée par les théories de John Rawls et de Jürgen Habermas. Son principe repose sur l'idée d'une prise de décision politique après un échange entre citoyens.

2. *Cf.* Olivier Ferrand, ancien président de Terra Nova, « La manipulation plébiscitaire du référendum par le pouvoir », *in Le Monde*, 22 février 2012.

qui a posé, comme nouvelles bases démocratiques, la transparence dans les processus de prise de décision, le renforcement des mécanismes de démocratie participative et directe, et l'obligation de prendre en compte l'écologie dans chaque nouvelle orientation. Mis en ligne, ce texte a ensuite été commenté et amendé par les citoyens via les réseaux sociaux. Enfin, ce projet de Constitution a été soumis à un large référendum. Le troisième, après ceux de mars 2010 et d'avril 2011 qui avaient vu, chaque fois, les Islandais refuser les projets d'accords gouvernementaux sur le renflouement de la dette provoquée par la faillite des banques. Les citoyens ont ainsi obligé l'État à repenser entièrement sa politique économique et sociale, sans boucs émissaires internes et externes à la population, mais bien dans l'intérêt de tous.

67 *« En France, la gauche et la droite ont échoué à résoudre les problèmes du pays. Il est temps de dépasser ce clivage pour rassembler tous les Français. »*

L'extrême droite affirme la disparition du clivage gauche-droite pour faire croire qu'elle est au-dessus de ces considérations, comme si son discours était apolitique. Ce masque ne doit pas faire illusion. La gauche et la droite ne sont pas porteuses de la même tradition politique. La gauche a permis que soit votée la loi Veil autorisant l'avortement, elle a voté l'abolition de la peine de mort. La droite seule n'aurait pas voté ces deux lois emblématiques. Outre le fait que le clivage gauche-droite est un héritage de l'histoire de la France, il est utile à la démocratie tant qu'il ne la fige pas. Car, avant toute prise de décision politique, il est indispensable qu'ait lieu un débat, au cœur de la société, puis dans les travées des deux assemblées. Contre ce discours ambiant qui tendrait à faire croire qu'il n'y a plus de solution, ou plutôt qu'il n'y en aurait qu'une seule, il faut opposer l'idée que le rôle même d'une démocratie est de faire apparaître l'existence de choix sur des questions données.

Sur les libertés

68 *« Il faudrait recourir plus souvent à la prison pour protéger les Français et dissuader les criminels et les délinquants de passer à l'acte. »*

La multiplication des lois pénales et leur application de plus en plus sévère ont eu pour seul but de provoquer l'explosion de l'incarcération. De 47 837 détenus au 1er janvier 2001, on est passé à 68 569 au 31 décembre 2013[1]. Faut-il pour autant construire de nouvelles structures carcérales ? La loi pénitentiaire du 24 novembre 2009 a déjà répondu à cette interrogation en faisant entrer dans le code pénal français un article qui prévoit qu'une peine d'emprisonnement ferme ne peut être prononcée qu'en *« dernier recours »*, faisant de la prison non pas une priorité, mais bien le dernier moyen de condamnation mis entre les mains de la justice. Ce qui est urgent, ce n'est donc pas de construire de nouvelles prisons, mais de suivre les recommandations du comité des ministres du Conseil de l'Europe qui propose, depuis vingt ans, le recours à des alternatives à la détention présentant *« une réelle utilité aussi bien pour le délinquant que pour la communauté »*. Non seulement l'incar-

1. L'horizon de 80 000 détenus pour 2017 apparaît même officiellement dans les statistiques de l'administration pénitentiaire.

cération coûte journellement dix fois plus cher[2] que les peines de substitution comme, par exemple, le bracelet électronique, mais systématiser l'emprisonnement revient à entretenir et provoquer les comportements délinquants. Ainsi, selon l'avocat général Pierre Lyon-Caen[3], 63 % des détenus sortant de prison ont été recondamnés dans les cinq ans, et ce malgré les multiples réformes pénales mises en place ces dix dernières années. Or, cette proportion diminue sensiblement si l'exécution de la peine s'effectue en milieu libre (semi-liberté, libération conditionnelle, placement en chantier extérieur, etc.) et si elle est accompagnée de moyens humains adaptés. Il est donc indispensable de mettre un terme à une politique coûteuse et inefficace qui fabrique des multirécidivistes et participe ainsi à la surpopulation carcérale. D'autant que des solutions existent : peines de probation, transformation de certains délits en contraventions, accès aux prestations sociales... Toutes ces propositions ont été mises à plat par la « conférence de consensus » réunie par la ministre de la Justice, Christiane Taubira, en septembre 2013. À l'opposé du tout-sécuritaire proposé par l'extrême droite et appliqué depuis dix ans par la droite de gouvernement, elle propose une troisième voie entre la prison et la relaxe : la contrainte pénale. Prévue lorsque la nature

2. Institut de recherche de la FSU, « Le sens de la peine », *in Regards Croisés*, n° 8, janvier 2014.

3. Ancien directeur adjoint du cabinet de Robert Badinter, Pierre Lyon-Caen est aujourd'hui avocat général honoraire à la Cour de cassation et membre de la Commission nationale consultative des droits de l'homme.

de l'infraction commise le permet, cette dernière est moins lourde à mettre en place et surtout moins désocialisante pour les personnes condamnées. Comme pour les peines d'enfermement, cette condamnation « en dehors de la prison » ne pourra fonctionner qu'à la condition de l'élaboration d'un système de suivi digne de ce nom, avec le renforcement du nombre actuel de conseillers de prévention et de probation ainsi que des moyens qui leur sont alloués. L'inverse même de cette « sécurité provisoire[4] » que propose d'imposer l'extrême droite à la société, alors qu'elle a déjà fait preuve de son échec et surtout de son inefficacité.

69 *« On devrait systématiquement enfermer les mineurs délinquants multirécidivistes. Cette sanction serait dissuasive. »*

Si tout acte délictueux doit faire l'objet d'une sanction, pour un mineur celle-ci devrait être avant tout éducative, lui permettant ainsi de se réinsérer dans la société. Or, l'échec des centres éducatifs fermés, créés par la loi Perben du 9 septembre 2002, l'a démontré : l'éducation et surtout la réinsertion sont très difficilement compatibles avec un enfermement total. Loin de favoriser la réflexion, ce dernier suscite des redoublements de violence chez des jeunes déjà en proie à d'importantes difficultés familiales et personnelles, alors que des solutions d'accompagnement et de suivi au long

4. Serge Portelli, *Juger*, Ivry-sur-Seine, Les Éditions de l'Atelier, 2011.

cours ont déjà fait leurs preuves, comme la diversité des prises en charge en foyer ouvert ou en famille d'accueil pour redonner des bases à ces mineurs, ainsi que le développement de partenariats avec l'Éducation nationale pour établir de véritables projets d'insertion sociale et professionnelle. Cet abandon des prises en charge en assistance éducative au profit du 100 % pénal proposé par l'extrême droite conduirait à une inversion de l'approche républicaine de l'enfance qui affirme la responsabilité de la société vis-à-vis des enfants. La dérive carcérale de l'extrême droite renverrait à une société d'Ancien Régime où la notion même d'enfance, et a fortiori celle d'éducation pour tous, n'existaient pas. Elle fabriquerait au mieux des individus brisés, au pire des ex-détenus considérant qu'ils n'ont plus rien à perdre dans le contentieux qui les opposerait à la société.

70 *« On devrait systématiquement expulser tous les étrangers ayant commis des délits. »*

On juge les actes d'un homme, et non pas un homme d'après sa nationalité. Pourtant, les étrangers condamnés en vertu du code pénal depuis 1994 sont déjà passibles de cette « double peine[5] » qui consiste

---

5. Nicolas Sarkozy a toujours prétendu avoir aboli la double peine en 2003. Il n'en est rien, comme le prouve cette déclaration extraite d'une circulaire de son cabinet du 20 janvier 2004, alors qu'il était ministre de l'Intérieur : *« Au terme de cette présentation de la réforme de ce qu'il est convenu d'appeler, dans le grand public, la "double peine", il y a lieu d'indiquer que la loi n'emporte*

à ajouter à leur emprisonnement une interdiction de séjour sur le territoire français. Les détenus condamnés à cinq ans de prison et plus peuvent se voir, une fois leur peine purgée, placer à tout moment en centre de rétention administrative et renvoyer dans un pays où souvent ils n'ont plus guère d'attaches, parfois plus aucune. Cette justice de discrimination s'applique à des hommes et des femmes en considérant non pas ce qu'ils ont fait mais ce qu'ils sont : des étrangers. Cette sanction réflexe est donc non seulement attentatoire au principe d'individualisation des peines mais marque une remise en cause scandaleuse du principe d'égalité.

71 *« La peine de mort pour les crimes les plus graves est une solution qui dissuade les gens de les commettre. »*

Le supposé caractère dissuasif de la peine de mort est un argument éculé, démenti par les faits. Dans les chiffres, il n'est même pas avéré. Ainsi, aux États-Unis, actuellement, le taux d'homicides moyen est de 5,71 pour 100 000 habitants pour les États recourant à la peine de mort, et de 4,02 pour 100 000 habitants pour les États n'appliquant pas ce châtiment. La peine de mort n'a donc jamais été une mesure destinée à protéger la société mais au contraire un moyen de maintenir le citoyen dans un sentiment de peur de l'autre, tout en lui garantissant un pouvoir potentiel de vengeance sur

---

aucune modification du régime de répression des infractions à la législation sur les étrangers. »

celui ou celle qui lui aurait fait du tort et, qui plus est, en prenant le risque de commettre des erreurs judiciaires irréversibles. Transiger sur la peine de mort, c'est transiger sur les règles de justice qui sont un acquis du droit des États européens et de la majorité des États dans le monde[6]. Ériger la vengeance comme levier de justice, c'est rompre avec son objectif premier : le jugement comme moyen de retisser le lien social déchiré par l'infraction.

---

6. 99 pays l'ont supprimée pour tous les crimes, 7 seulement pour les crimes de droit commun et 33 n'ont pas eu recours à la peine capitale depuis au moins dix ans, même si elle reste en vigueur dans leur législation. Sur les 58 États qui conservent la peine de mort dans leur arsenal judiciaire, 18 seulement ont procédé à des exécutions en 2012.

Sur les droits et les devoirs civiques

72 ***« Aujourd'hui, tout le monde revendique des droits mais on oublie de faire respecter les devoirs de chacun. On devrait enlever leurs droits à ceux qui ne respectent pas leurs devoirs. »***

Pour l'extrême droite, les droits sont la résultante d'une sorte de marché conclu avec les citoyens : « Je te donne des droits si tu respectes tes devoirs. » Cette façon de voir est contraire à l'esprit de la République où *« tous les citoyens naissent libres et égaux en droits »*. L'obtention des droits et leur exercice sont donc un préalable à l'exercice de la citoyenneté. Cette affirmation de l'égalité gêne l'extrême droite qui se garde bien d'affirmer le droit au logement, le droit au travail et l'accès aux soins pour tous. La garantie de ces droits par l'État doit permettre non pas seulement le strict respect des devoirs – comme si la société était une armée –, mais bien l'exercice des responsabilités. Miser sur le bénéfice des droits et le développement de la responsabilité de chacun est bien plus riche pour une démocratie que de promouvoir une société au garde-à-vous.

Sur l'exercice du pouvoir

73 « Le pays a besoin d'autorité et d'un chef pour régler ses problèmes. »

L'extrême droite se réclame de l'autorité en laissant croire qu'il n'y aurait qu'une seule manière de l'exercer et de l'incarner : un chef, à qui le peuple déléguerait une fois pour toutes sa confiance afin qu'il décide de tout sans débats contradictoires. Dans cette logique, les citoyens sont spectateurs de l'exercice du pouvoir. Ils ont le choix entre la fascination, l'approbation et le silence. Au mieux, l'exercice répétitif de référendums réduit leur intervention à dire « oui » ou « non » à une proposition du chef. L'autorité se transforme alors en autoritarisme avec pour conséquence l'appauvrissement de la démocratie et parfois sa disparition. Il existe pourtant une autre façon d'exercer l'autorité : en incarnant la participation d'un collectif de personnes aux affaires de la cité, de l'entreprise, etc. Dans ce cas, celui ou celle qui détient l'autorité représente le « nous », n'a pas le pouvoir absolu, doit rendre compte de son mandat qui est révocable, questionne le collectif représenté, explique ses décisions. La responsabilité du détenteur de l'autorité est de poser des règles pour garantir le commencement, le commandement et la réalisation du projet élaboré par le collectif qu'il représente. Comme l'entraîneur d'une équipe, c'est à lui de faire en sorte que chacun des membres du collectif qu'il incarne augmente sa propre capacité d'intervention dans les lieux où il vit et travaille. Cette conception de l'autorité[1] fait progresser la démocratie. Elle est aux antipodes du pouvoir absolu qui fait croire que quelqu'un est naturellement compétent pour décider de tout, seul et tout le temps.

---

1. Elle est développée par le philosophe Robert Damien dans son livre *Éloge de l'autorité. Généalogie d'une (dé)raison politique*, Paris, Armand Colin, 2013.

Bibliographie

Jean-Paul Gautier, *Les Extrêmes Droites en France. De la traversé du désert à l'ascension du Front national (1945-2008)*, Paris, Syllepse, coll. « Mauvais temps », 2008.

Jean-François Sirinelli (dir.), *Histoire des droites en France. Tome 1 : Politique, Tome 2 : Cultures, Tome 3 : Sensibilités*, Paris, Gallimard, coll. « NRF essais », 1992.

Michel Winock (dir.), *Histoire de l'extrême droite en France*, Paris, Le Seuil, coll. « XXe siècle », 1993.

Hérodote, no 144, « L'extrême droite en Europe », 1er trimestre 2012.

« Extrême droite : attention poison », *La Nouvelle Vie Ouvrière*, hors-série, 23 janvier 2014.

PREMIÈRE PARTIE

Sur l'accueil

Catherine Wihtol de Wenden, *La Question migratoire au XXIe siècle. Migrants, réfugiés et relations internationales*, Paris, Presses de Sciences Po, 2e édition, 2013.

Olivier Peyroux, *Délinquants et Victimes. La traite des enfants d'Europe de l'Est en France*, Paris, Éditions Non lieu, 2013.

Sur le social et l'économie

ATD Quart Monde, *En finir avec les idées fausses sur les pauvres et la pauvreté*, Paris/Ivry-sur-Seine, Éditions Quart Monde/Les Éditions de l'Atelier, 2013.

Ligue des droits de l'Homme, *Le Livre noir de la politique française d'immigration. La honte de la République*, Angers, Les Éditions du Petit Pavé, 2009.

Sur l'Europe

Gaël Giraud, *Illusion financière*, Ivry-sur-Seine, Les Éditions de l'Atelier, 2012.

DEUXIÈME PARTIE

Sur les droits et les devoirs civiques

Claudie Lesselier, Fiammetta Venner (dir.), *L'Extrême Droite et les femmes. Enjeux et actualités*, Villeurbanne, Éditions Golias, 1997.

Sur l'insécurité

Laurent Mucchielli, *Violences et insécurité. Fantasmes et réalités dans le débat français*, Paris, La Découverte, coll. « Sur le vif », 2001.

TROISIÈME PARTIE

Sur l'histoire de France

Suzanne Citron, *Le Mythe national. L'histoire de France revisitée*, Ivry-sur-Seine, Les Éditions de l'Atelier, 2008.

Sur les identités

Jacques Audinet, *Le Visage de la mondialisation. Du multiculturalisme au métissage*, Ivry-sur-Seine, Les Éditions de l'Atelier, 2007.

Romain Rosso, *La Face cachée de Marine Le Pen*, Paris, Flammarion, coll. « Enquête », 2011.

Sur les cultures et les religions

Gérard Noiriel, *Le Massacre des Italiens. Aigues-Mortes, 17 août 1893*, Paris, Fayard, coll. « Les Journées qui ont fait la France », 2010.

Jean Bérenger, *L'Histoire de l'empire des Habsbourg, 1273-1918*, Paris, Fayard, 1990.

Pierre Dharéville, *La laïcité n'est pas ce que vous croyez*, Marseille/Ivry-sur-Seine, laMarseillaise.fr/Les Éditions de l'Atelier, 2013.

Dounia Bouzar, *Désamorcer l'islam radical*, Ivry-sur-Seine, Les Éditions de l'Atelier, 2014.

QUATRIÈME PARTIE

Sur la concurrence entre les travailleurs

Philippe Warin, *L'Accès aux droits sociaux*, Grenoble, Presses universitaires de Grenoble, coll. « Politique en plus », 2006.

Sur les libertés

Serge Portelli, *Juger*, Ivry-sur-Seine, Les Éditions de l'Atelier, 2011.

Sur l'exercice du pouvoir

Robert Damien, *Éloge de l'autorité. Généalogie d'une (dé)raison politique*, Paris, Armand Colin, 2013.

Jean-Claude Monod, *Qu'est-ce qu'un chef en démocratie ? Politique du charisme*, Paris, Le Seuil, 2012.

Remerciements

Remerciements chaleureux à :

- Christian, Gérard B., Betina, Pierrette, José, Claudie, Denis, Jacques, Pauline, Christiane, Gérard M., Christophe, Marie-Luce, Xavier et Olivier pour les discussions, les rencontres, le soutien et leur esprit de lutte, toujours dans la fraternité mais sans jamais transiger.

- Daniel Mermet et toute l'équipe de *Là-bas si j'y suis* pour la résistance, en toutes circonstances.

- Mathilde, Agathe, Célia, Rafael et l'ensemble du comité de rédaction de *Causes communes*, parce que l'humanité passe par l'autre.

- Virginie, Lidia, Rozenn, David, Mathieu, Philippe, Jérémie et tous les complices du *13 du Mois*, pour leur audace éditoriale et tous les bons moments partagés.

Remerciements spéciaux à :

- Marie-Thé, Bernard, Samuel, Émilie et Lalie.

Merci aussi à :

- Arielle Corbani, Bernard Stéphan, Camille Deltombe et à toute l'équipe des Éditions de l'Atelier pour les nombreuses heures passées à travailler ensemble, ainsi qu'à Isabelle Avran, Gérard Aschiéri, Frédéric Bodin, Raymond Chauveau, Agnès Naton et Pierre Tartakowsky pour leur aide précieuse.

Merci également à tous les autres que je n'ai pas nommés mais que je n'oublie pas !

Amis lecteurs,

vous entendez de nouvelles idées fausses
propagées par l'extrême droite.

Envoyez-les nous à

ideesfausses_extremedroite@editionsatelier.com

et dites-nous comment vous faites pour y résister.

Nous aurons ainsi la possibilité de faire figurer vos réponses sur le site internet des Éditions de l'Atelier

(www.editionsatelier.com).

Nous en tiendrons compte
lors des prochaines éditions de ce livre.

Merci par avance pour votre précieuse collaboration.

Mise en page : Le vent se lève...

Achevé d'imprimer sur les presses
de Corlet Imprimeur 14110 Condé-sur-Noireau
N° éditeur : 6414 – N° fab. : 6635 – N° imprimeur : 107847
Dépôt légal : mai 2014
Imprimé en France